【文庫クセジュ】

サン=シモンとサン=シモン主義

ピエール・ミュッソ著
杉本隆司訳

白水社

Pierre Musso, *Saint-Simon et le saint-simonisme*
(Collection QUE SAIS-JE ? N° 3468)

目次

凡例

・本文中の（　）は原則として著者自身の挿入句を、〔　〕は訳者のものを、それぞれ示す。
・原文がイタリックや大文字の場合、著書名を除き、原則として傍点を振った。
・☆印がある傍注は、訳注であることを示す。

序文

サン＝シモンの名は、しばしばルイ十四世の有名な回想録作家サン＝シモン公爵（一六七五―一七五五）と間違われるほど、彼の著作よりもよく知られている。この公爵の遠い親戚にして、十九世紀初頭の哲学者クロード＝アンリ・ド・ルーヴロワ・サン＝シモン伯爵（一七六〇―一八二五）が本書の主役である。だがこの人違いの紛らわしさに、さらにサン＝シモン学派による師の著作の偏った読解がつけ加わる。彼らはサン＝シモンを讃えつつも、同時にその作品を忘れさせた。実際、サン＝シモンの著作は、分析の対象というよりも典拠として呼び出されることのほうが多い。十九世紀の人々は、サン＝シモンに「賛成」するか、「反対」するかのどちらかの立場についたが、今日の人々はおしなべてサン＝シモンの仕事すら知らないという点で一致している。彼の著作は、特に十九世紀のサン＝シモン主義運動を通じて大きな影響を与え、現代のもろもろの巨大なイデオロギーの源泉に立つというのに、それはなんとも奇妙な身分ではないか。フランス革命の申し子であるサン＝シモンの作品は、「人文諸科学」が形成された十八世紀末と、現代の諸イデオロギーが誕生した十九世紀初頭の媒介役を果たした。エンジニアの科学、政治経済学、臨床医学、そして観念学《イデオロジー》といった、姿を現しはじめたもろもろの新たな学問分野の相続人であったサン=シモンは「一つの科学革命」（VI・十三頁）[1]を呼びかけた。彼の作品は、終わりを迎えつつあった啓蒙の世紀の知識を綜合し、現代の哲学的な基礎を打ち立てた。実際、次の四大思想潮流は直接サン=シモンから生まれている。（一）オーギュスト・コントの実証主義。七年ものあいだサン=シモンの弟子にして協力者だったコントは、彼が認める以上に多くのものを師に負っている。（二）社会主義。プルードンのアナーキズム思想はその国家廃止論において明らかにサン=シモンに依拠している。同様にピエール・ルルーとマルクスもそうである。特に後者は、サン=シモンを原文で読み、サン=シモンに立ち返ることを支持していた。（三）エミール・デュルケムによって幕を開けた社会学の潮流。サン=シモンへのデュルケムの賛辞は、彼をデカルトになぞらえたほどであった。最後に（四）サン=シモン学派そのものである。その主要なリーダーは、バルテルミー=プロスペール・アンファンタン（一七九六―一八六四）とサン=タマン・バザール（一七九一―一八三二）、そして理工科学校生ミシェル・シュヴァリエ（一八〇六―一八七九）である。サン=シモン自身が形容した彼の「創意の哲学」は、拒絶も批判も受けずに首尾よく成功を収めたわけではなかった。サン=シモンの思想は十九世紀と二十世紀初頭を席巻したにもかかわらず、オーギュスト・コントを皮切りにしばしば酷評に晒されてきた。それは、マルクス主義によって「ユートピア社会主義」だと揶揄されたり、その弟子たちの宗教的礼拝のせいで嘲笑の的にもされた。さらには戦間期のフランス哲学によって隠蔽・埋葬されるや、その後はほとんど忘れ去られることになった。サン=シモンの仕事の再評価はこれまで何度も行われてはきた。だが最初に立ちはだかる困難はその読解にある。すなわち、そこに一貫したものや順序だったもの、厳密なものがあると想定することの困難である。なぜならその全体は見たところ散乱に満ちており、また情勢分析の文書と基本文書、直観と論証、「夢想」と科学的な志向性が混在しているからである。それゆえ、サン＝シモンの注釈者たちの大方の反応といえば、彼の作品をざっと整理するために複数の時期に分けることぐらいであった。それほど彼の仕事は、百科全書的であると同時にまとまりを欠いている。サン＝シモン自身、政治的なものや宗教的なものと科学的な仕事が区別されるよう強く望んでいた。実際、彼はまず最初に科学を、次に政治哲学を、そして最後に宗教、つまり精神性《イデオロギー》を論じた。一八〇二年から二五年までの彼の執筆活動はこの行程に沿って展開されている。サン＝シモンは、新しい社会体系を理論的に構想し、次にそれを実現する方法を打ち立て、最後にそれを実行に移すべく精神的な演出をそこに施そうと模索した。サン＝シモンの思考の全体に一貫して流れているのは、変わることのない一つの関心である。すなわち「旧社会体制から新社会体制への移行を目指して手筈を整えること」（Ⅲ・二五二頁）である。なんと壮大な計画！　サン＝シモンは改革者であり、物事の秩序を変革しようとした。彼の理論の方向性はすべて社会変革を目指す行動と関連するもののなかに見出すことができる。彼は新世界に生きる騎士なのだ。

（1）この数字はそれぞれ『クロード＝アンリ・サン＝シモン全集』（全六巻、アントロポス社、一九六六年）の巻数と頁数を表している。また「FF」というのは、パリのアルスナル図書館の「アンファンタン文庫」を指している。

サン＝シモンの理論的な仕事はその人生と切り離すことができない。なぜなら社会の移行に関する彼の考察は、理論とは無縁であった一七八〇年から一八〇〇年までの実践活動から直接生まれているからである。サン＝シモンの歩みを全体的に解釈するには、実践の優位を第一に置かなければならない。〔本書で実践を〕選ぶのは、サン＝シモン自身の経験とその理論の結びつきをめぐる彼の主張に沿ったものである。本書は彼の生い立ちから書き始めるが、それは文学の慣例に従うからではなく、彼の著作そのものに分け入るためである。サン＝シモンとサン＝シモン主義の筆者の紹介は、次の五つの時期に整理される。第一章は、サン＝シモンの生涯について。第二章は、彼の知識論《エピステモロジー》について。時期でいえば、彼の仕事の前期、つまり一八〇二年から一三年に書かれた著作がそれにあたる。第三章は、一八一四年から二三年の間に構想された政治哲学について。第四章は、晩年に彼が執筆に着手した宗教について。そして一八二五年から半世紀にわたり、その宗教礼拝を引き受ける弟子たちを扱うのが第五章ということになる。

第一章　冒険家にして哲学見習い

一八〇二年にサン＝シモンが自分の著作に取り掛かった時、すでに四十歳を超えていた彼は次のように書き始めている。「私は、長く険しい道のりを経てようやく活躍の場に立った。私はやっと出発点に着いたのである」（I・七八頁）。サン＝シモンは執筆活動に入る前は何をやっていたのか？　彼は理論以前に何を実践していたのか？　かなり非凡なその生涯についてはあまり知られていない。彼の著作と同様にその人生も、自分たちの師を讃え、聖霊の域まで祀り上げた弟子たちのせいでなおも霧のなかにある。

サン＝シモンは一七六〇年十月十七日パリで生まれた。しかし、一族全体がそうであったように、「ベルニィの領主」といわれた「フランス北東部の」ピカルディ人であった。彼は、歴代のヴェルマンドワ伯に連なる――したがってシャルルマーニュの血を引く――と言われるサンドリクールのサン＝シモン家の分家に属していた。彼の父であるバルタザール＝アンリ・ド・サン＝シモン（一七二一―一七八三）には、クロードを年長とする六人の息子を含む九人の子供がいた。バルタザールは大尉と連隊長を歴任した軍人であり、その父であるサンドリクール侯ルイ＝フランソワも同じようにかつては国王軍の大将にしてサンリスの大代官であった。このようにクロードはピカルディ地方の官吏・軍人・貴族の家系に属していた。今度は彼がこのキャリアを引き継ぐことになる。父が百科全書派の友人だったこともあり、サン＝シモンはダランベールが自分の家庭教師だったと語っている。彼の教育については、啓蒙思想の批判精神から深い影響を受けていたことが知られている。彼によれば、その教育は「その目的を達成した。われわれはみなそれで革命家になったからである」と述べている。ヴェルマンドワ地方、水と葦の風景を眼下に見渡すところに、ルヴロワ家が領主権を持っていたファルヴィー〔現在のサン＝カンタン市郊外のソンム川沿いの村落〕はある。その沼沢地帯に囲まれたソンム川沿いで暮らしたサン＝シモンは夢見がちな子供であった。彼は生涯を通していわば水、沼、運河、水流の思想家となるのだ。彼の幼年期と青年期はほとんど知られておらず、才気煥発で勇敢な性格を示すいくつかの逸話が伝えられているのみである。たとえば、十三歳の時、彼は最初の聖体拝領を拒否したために、サン＝ラザールの修道院に放り込まれたが、守衛から鍵を奪ってそこから逃げてきたとか、その直後には、狂犬病にかかった犬に嚙まれたために、彼は真っ赤に焼けた炭でその傷口を焼いたが、この応急処置が無駄だった場合に備えて、いつでも自分の頭を撃ちぬけるようにピストルを忍ばせていたそうである。十四歳の時には、屈辱的な鞭打ちのお仕置きに耐えかねて家庭教師の一人の尻をナイフで一突きした。またある時には、荷馬車に道を譲るくらいならとばかりにその前で大の字に寝転んだこともあったという。このような性格と親譲りの資質はおのずとサン＝シモンを士官のキャリアへと向かわせることになる。十七歳のサン＝シモンは職業軍人としてのキャリアを開始した。彼は手にペンを持つより先に、武器を持つ人となったのである。一七七七年一月、父は息子のために陸軍少尉職を手に入れ、翌年にサン＝シモンは「トゥーレーヌ連隊の兵役を終えたら少尉」という父の通達を受け取る。一七七九年六月に彼は同じ連隊の騎兵隊の大尉となる。その後すぐに彼はラ・ファイエットに加勢して、アメリカ独立のために北米に出征した。彼はそこに四年間滞在し、五つの地上戦と九つの海戦に参加することになる。一七八一年のヨークタウンの包囲戦では、彼は迫撃砲一式を備えた塹壕で指揮を執り、彼が負傷する翌年のブリストン・ヒルの包囲戦では、歩兵隊から分かれた砲手の別動隊を指揮した。ブイエ侯爵軍の首席参謀補佐に任命されたサン＝シモンは、一七八二年四月にレ・サント諸島沖の海戦に参加し、そこで再び負傷している。戦闘後、捕虜となった彼はジャマイカに送られ、一七八三年の講和までそこに滞在した。当時、彼はそこでメキシコの国王代理に運河の計画を提案したが、「冷たくあしらわれた」ために、それを放棄している。こうした率先した行動は彼がこれから進もうとする新しい道を示していた。

「私の天職は兵士となることではまったくなかった。かなり毛色の違う活動に私は惹かれていた。それどころかまったく正反対の活動と言ってよいだろう。文明の改善に奉仕するために、まず人間精神の歩みを研究すること、これこそ私が目指した目的であった。それ以来、私はそれに全身全霊で打ち込み、人生のすべてを捧げたのであった」（「一アメリカ人への手紙」Ｉ・一四八頁）。

アメリカ大陸でサン＝シモンの興味を惹いたのは、軍職ではなく新社会の政治とその観察であった。彼は、フランス革命の影響力を読み解く解読格子として二十年後に役立つことになる、産業主義というのちの自分の理論の形成に必要な材料を収集した。彼はフランス革命が途中で挫折したことに答えて、アメリカ革命の解決策を提案している。アメリカは社会のモデルとして樹立されたのだ、なぜなら「今日まで夢想だと見なされてきたことが、そしてフィクションの部類に片づけられてきたことが、そこではついに実現した」（I・一四一頁）からである。若々しいアメリカと老いたヨーロッパを対比させて、彼はそのまま〔古い〕軍事精神を〔新しい〕企業精神に対置させようとした。この対比は、のちの彼の政治理論のなかで封建体制と産業体制の対比となって現われてくるだろう。アメリカの夢は、商売と倹約の試みが好戦的で浪費癖のある国家に勝利を収めたことに加え、流通の拡大を介した一つのコミュニケーション・モデルの勝利に深い影響を与えた。社会を根本的に変革するには社会全体を一つの企業のように管理するだけで十分であるという彼の思想は、このアメリカで生まれたのである。一七八三年、サン＝シモンはフランスに帰国する。メジエール〔現アルデンヌ県に所在〕に駐屯していたアキテーヌ連隊の第二中隊長に任命された彼は、おそらくここに一七八五年の初頭まで滞在した。ところで当地には、軍職エンジニアの養成校としてその名が知られたメジエール王立工兵学校があった。それは「要塞」のエンジニアと「塹壕」のエンジニアたちを、数学と建築学を共通の言語として一つにまとめるべく、ダルジャンソン伯の指示で一七四八年に創設された学校であった。一七九四年にパリに理工科学校《ポリテクニック》が創設されるまで、この学校がエンジニアたちへの理論教育と実践教育を請け負うこととなり、なかでもそれに尽力したのが二十年間メジエールで教えたガスパール・モンジュ（一七四六―一八一八）であった。サン＝シモンは一七八四年の一年間ここで授業を受け、特に顔を出したのがモンジュの数学講座であった[1]。同じ年、サン＝シモンは、実験化学の教育と研究を深めるために一七八三年の夏にメジエールにやってきた若き化学者ジャン＝フランソワ・クルーエ（一七五一―一八〇一）とも親交を結んだ。そのほかメジエールのこの学校では流体力学と水力学でも人々の注目を集めた。メジエールで取り組まれていたテーマは、どれもサン＝シモンが長いこと自問してきた問題であった。流体はどのように流れるのか？　タンクから水を流す際の水圧はどのように調整するのか？　それはタンクの間仕切りの厚さによって決まるのか？　サン＝シモンの理論とメジエールの学校は、のちのサン＝シモン主義者の実践と理工科学校のような関係であった。そこは修養の場であり、実験室だったのである。一七八五年、サン＝シモンは運河の国オランダへと旅立つ。彼は、この水運網の模範国でメジエールの学校の諸理論が実用化されているのを視察することに奔走した。確かに彼は、オランダを訪ねたのは、かの国の政治状況を観察するためだったと述べているが、実際には政治の視察と運河の建設技術の視察を現地で一緒に行っている。一八一七年の「趣意書」の一つで、のちに彼は、排水の管理技術と政治科学の技術のあいだには密接な関係があると主張し、その例証としてオランダの堤防システムと「産業家」が採用すべき政治政策を比較検討するだろう。一七八六年にサン＝シモンはフランスに帰

（1）☆ただし、森博によれば、一七八三年にモンジュはパリに移っており、実際にサン＝シモンがモンジュの授業を受けたのかは不明である。森博「サン＝シモンの生涯と著作（一）」（森博編・訳『サン＝シモン著作集』第一巻、恒星社厚生閣、一九八七年、三七三頁）。

国する。だが翌年にすぐさま今度は、マドリードと大西洋を結ぶ運河計画に取り掛かるために新たにスペインへと旅立っているところ見ても、運河に対する彼の関心は目に見えて際立っていた。スペイン政府はすでにこの事業に着手していたが、資金と人手不足から一七八四年にそれを中断していたのである。スペインに着いたサン゠シモンは、地元の財界人カバリュス伯爵と手を結び、国王軍を補充してこの事業——その指導には彼の高度な技術の知識が必要であった——を成就させるために六千人の人員の調達を申し出ている。フランス革命前夜の一七八三年から八七年までの五年間、士官兼エンジニアのサン゠シモンは、メジエールの学校での教えを受け継いだ運河・事業計画と、水力学技術の視察を交互に行った。彼はもはや軍職には関心を失い、一七八八年に大佐に任命された時もあまり乗り気ではなかった。同じ年、サン゠シモンはマドリードでプロイセン大使レーデルン氏に出会う。彼とはその後十年間親交を結び、企業家・実業家としての新たなキャリアを歩むだろう。フランス革命が起こるやサン゠シモンはフランスに帰国する。一七八九年秋のこの帰国を最後に彼の世界周遊は終わりを告げる。彼はもうほとんど外国には旅行せず、一七九三年までピカルディのファルヴィー村やペロンヌ村で過ごした。ここで彼は貴族の称号を公然と放棄し、これ以降「ボンノム〔お人好し〕」と名乗ることになる。一七九〇年二月七日、ファルヴィーの村長を選ぶために住民集会を主宰したサン゠シモンは、住民たちに次のように宣言した。

「もはや貴族は存在しません。諸君、われわれはここではみな一様に平等なのです。伯爵という称号のせいで、諸君よりも優れた権利が私にあるのだと諸君は誤って信じてしまうでしょう。それを避けるために、私はこの伯爵という称号を永遠に放棄し、それは市民の称号よりもひどく劣るものだと宣言します」（マクシム・ルロワ『サン＝シモン伯爵伝』からの引用）。

それから数か月後の九月二十日、彼はペロンヌ村の村会を前に自分の名前を公然と放棄し、自分はクロード＝アンリ・ボンノムという名前に変えたと告げた。こうして彼の人生の第二期が幕を開ける。つまり金融と不動産の投機家、企業家の時期である。サン＝シモンは、彼の言葉によれば「一七九〇年から九七年のあいだに極めて営利的な投機」（I・七二頁）に成功したために、かなり裕福になった。彼は貨幣の流通に関心を持ち、革命後に売りに出ていた教会財産を買い戻したおかげで財をなしたのである。彼は友人のレーデルンからの借金で土地を購入し、それを再び売りさばくという投機を繰り返した。しかし、一七九三年十一月十九日、サン＝シモンは逮捕される。このプロイセンの外交官とのつながりから彼に容疑がかけられたのである。まずサント＝ペラルジー監獄に放り込まれた彼は、一七九四年五月にリュクサンブール監獄へと移された。「死の控えの間」の異名をもつこの監獄に、彼は一七九四年八月二十八日まで収監され、最終的には友人ボワシー・ダングラの尽力で釈放された。収監中も、サン＝シモンは配送業を立ち上げて商社を経営し、巨大な「産業施設」の建設を夢見ながら事業を運営し続けた。一七九四年から九七年まで彼はパリの社交界の実業家として生活した。というのも彼は、数々の配送会社や公共馬車会社、ワイン商社、問屋業や織物製造業を束ねる企業家となっていたからである。財をなしたサン＝シモンは派手に金を浪費し、首都で最も有名な人物の一人となった。一七九七年八月には、リールで行われた英仏の商談にまで参加し、おそらくは財界と政界のスポークスマンとして発言も行った。サン＝シモンは「商業的・産業的施設」の計画を次々に繰り出していった。彼は金融と不動産から商業と産業へと移っていったが、これが十年来取引関係にあったレーデルンとの関係をこじらせることになる。一七九九年八月四日、彼らは自分たちの会計収支に同意するサインをして、正式にパートナー関係に終止符を打った。この時にサン＝シモンは革命期に自分が取得したすべての財産を譲渡した。

「私は彼（レーデルン氏）と絶交するやいなや、人類の道徳にすぐにでも効果を上げられるような計画を思いついた。科学の方へと大きく一歩前進させること、そしてその主導権をフランス学派に与えるという計画がそれである」（『自伝』Ⅰ・六八頁）。

実際、一七九八年は、サン＝シモンの波乱万丈の人生のなかで新たな区切りの年となった。彼は事業を清算して最終的に哲学に打ち込む決意をする。彼の言うところによれば、「生理学の重要性」を自分に教えてくれたジャン・ビュルダン博士（一七六九―一八三五）との決定的な出会いを経て、「学問の道」を生涯の伴侶としたのである。サン＝シモンは自分の新たな方向性を示すために、理工科学校の傍に居を構えた。物理学の研究のためにそこで三年を費やしたのち、一八〇一年に今度は生理学の理解を深めるためにパリの医学校の傍に身を落ち着ける。理工科学校は、当然にもメジエールの学校の後釜として、特に流体力学の教育に力を入れた。サン＝シモンが容易に研究へと戻ることができたのも、彼の友人で二つの学校で教えていたモンジュの存在が大きかった。ほかにも彼はここでラグランジュ、ベルトレ、クルーエに再会している。他方、人体組織学を講じていた医学校では、人体の「自然な状態」で申し分のない液体循環とは何かといった分析が行われていた。二つの学校のうち前者はエンジニアを、後者は医者をそれぞれ養成する。エンジニアと医者はどちらもネットワークについて勉強している。なぜなら、前者は人為的なネットワーク〔組織網〕を建設し、後者はネットワーク中の真のネットワークである人体のうちにそれを観察しているからである。医学校でサン＝シモンは人体解剖を行い、ネットワークの原型といえる脳を間近で観察した。この学校と彼との関係はその後多岐に及ぶことになる。たとえば若き医師プリュネルを自宅に住まわせたり、陰からデュピュイトラン〔一七七七—一八三五、病理解剖学者〕に支援の手を差し伸べたこともあれば、ビュルダン博士の『医学研究講義』の出版を助成したりもした。一八〇三年にパリで出版されたこの書の講義は、サン＝シモンの考察と著作に決定的な影響を与えることになる。ビシャの友人であり、フランソワ・ショシエ〔一七四六—一八二八〔解剖学者〕〕に師事したビュルダン博士は、生理学の基礎を生気論学派から学んだ人物であった。パリのカンズ＝ヴァン地区の施療院の外科医であり、医師協会の創設メンバーであった彼は「観念論者《イデオローグ》」の運動に加わり、サン＝シモンに対してはカバニスやビシャ、そして師ショシエの仕事の手ほどきをした先導者の役割を果たした。ビュルダンとサン＝シモンのあいだにはどのような交流があったのか？　彼らの共通した企ては生理学を実証科学にすることであり、サン＝シモンは生理学を社会分析の基本モデルだと考えた。「有機体」を研究すれば、社会体の研究にも道が拓けるだろうと。この考えは、一七九八年のビュルダンとの対話から一八二五年の死まで（たとえばとなる。その後の十五年間、生理学は彼の脳裏から離れることはないだろう。ビュルダンとの出会いから一八一三年の『覚書』まで、サン゠シモンは人体を合理的な「自然の」モデルと見なすことについて検討を加えている。しかし一八〇七年ごろにジャン・ビュルダンが軍付属病院の責任者として軍隊に出向したため、サン゠シモンは「物理政治学の道」を続けるために「協力者」を公募した。サン゠シモンの学業修練は軍務によって中断され、メジエールでその時代の知識に再び追いつくという幾分混沌としたものであったが、四十歳間近にしてそれを再開した彼は、パリの二大グランゼコール〔理工科学校と医学校〕をその総仕上げの場にしようと考えていた。一七九八年から一八〇一年まで、新生活に向けて準備をしていたサン゠シモンであったが、その勉強の仕方は独特なもので、まずは理工科学校の学生や教授陣と、次いで医学校の医師や生理学者と頻繁に交流することであった。新生活を始めるにあたり、彼は一八〇一年の夏に〔ソフィー・〕グーリー・ド・シャングラン嬢と結婚する。だがこの結婚もまた、彼によれば自分の学問修養のプログラムの一部であったため、一年も持たなかった。彼はレオン・アレヴィ〔サン゠シモンの最後の秘書〕に対して、自分から率先して離婚したと語っている。「一年後、私は自分のアパルトマンと妻に契約の解除を通告したのだ！」。離婚直後の一八〇二年の夏、サン゠シモンはコッペ〔ジュネーヴ近郊の村〕に向かい、スタール夫人を訪ねている。この訪問後に、サン゠シモンがジュネーヴに滞在して起草したのが、彼の最初の著作『同時代人に宛てたジュネーヴの一住民の手紙』（一八〇三年）である。学問の道にすべてを捧げた彼がまず行ったのが、同時代の知識を綜合するという途方もない仕事であり、それを表明したのがこの『ジュネーヴ住民の手紙』であった。この時代に彼が起草した著作はどれもそれ以前の彼の経験と教育のすべてがしみ込んでいる。ダランベールによる教育にはじまり、メジエールで受けた授業、次いで理工科学校と医学校での講義など、サン＝シモンの人生経験は多岐にわたるが、そこには一貫した一つの問題意識がある。つまり、水、運河、流体循環、そしてコミュニケーションの普及に対する意識である。彼が自前の哲学を打ち立てられたのも、おそらくこうした経験が、液体循環やネットワークに必然的に関係する次の四つの職歴の交差上に位置していたからである。すなわち、（一）要塞と水力工学を管轄していた士官の経歴。（二）技術ネットワークの構想と建設に関心を抱いていたエンジニアの経歴。（三）貨幣と商品の流通を管理していた企業家の経歴。（四）有機体、液体循環、そして「自然な状態」の組織網《ネットワーク》を内外から観察していた医者の経歴である。

一八〇二年まで、その運河計画、エンジニア兼軍人の経歴、そして企業家活動を通じて、実践面で彼から常に離れなかったのがネットワーク（réseau）という考えであった。彼の心を動かした流体――つまり運河の水、人体の血、そして社会体における貨幣〔流動性〕と知識――には変化はあったが、ネットワー

(2) ☆ただし、この著作は現在では、サン＝シモンの高弟の一人で医師のエティエンヌ・バイイの作品と考えられている。一八二五年の共同論文集『文学的、哲学的、産業的意見』に収められた正式なタイトルは次である。「社会制度の改善に応用された生理学について」（森博編・訳『サン＝シモン著作集』第五巻、恒星社厚生閣、一九八八年、三八九頁）。

クということの問題意識の点では一貫して変わらなかったことが確認できよう。サン＝シモンは、「波乱万丈の人生」から「創意の哲学」を創始することを目指し、彼が決めた生活スタイルに応じて、士官、エンジニア、企業家、医者のノウハウを自前の哲学の準備段階として次々に身につけていった。だが「学問の道」に入ることは、サン＝シモンにとって貧困生活に入ることも意味した。この点から見れば、彼は十九世紀の初期ロマン主義作家の一人と見なすこともできよう。一八〇五年からサン＝シモンは経済的困難に陥り、翌年には半年間モン・ド・ピエテに筆耕として働きに出た。さらにその後の四年間は、かつての召使の一人ディアールの世話を受けることになる。そのおかげで彼が書いたのが『十九世紀の科学的研究序説』（一八〇七―〇八年）であった。一八一〇年にディアールが亡くなると、サン＝シモンはペロンヌ村の彼の公証人から支援を受けたが、その後の数年間は再び貧困生活に舞い戻った。彼は収入を得るために、フレール〔アランソンの隣接都市〕の城主となっていたレーデルン氏と作った口座の収支をその後何度も監査にかけるだろう。そのために彼は一八一一年にアランソンに移り住み、「パンと必要な書籍、そして一部屋」を手配してくれるようこの旧友に懇願した。だが返事はなしのつぶてであった。一八一〇年から一三年までサン＝シモンはほとんど物を書かなかった。病気がもとで体調を崩し、極貧状態にあったからである。だが同じ年に母親が亡くなったため、彼のもとに二千フランの年金が転がりこみ、仕事を再開できるまでになった。彼がパリに戻って書き上げたのが、『人間科学に関する覚書』である。このテクストをもって、彼は自分の方法の認識論的な基礎を打ち出した、その仕事の前半部を終える。この一八一三年は多産な年となったが、冬になるとサン＝シモンは再び困窮生活を強いられ、十二月八日には「餓死寸前」

と訴えるまでになっていた。彼はシャロンヌの療養所に収容された。

「市民第一統領」〔ナポレオン〕に宛てた一八〇二年の『ジュネーヴ住民の手紙』[3]から、帝政が崩壊してこの時期が終わる一八一三年の『覚書』まで、彼が仕上げた壮大な認識論研究の時期は、ちょうどナポレオンの時代と重なっている。この時代の末期、サン＝シモンは最大の貧困のなかにいた。

「数年来、新たな哲学の道の探究に打ち込んできた私は、どうしても学校や社会とは疎遠にならざるをえませんでした。そのため最も重要な発見を行ってからというもの、しばらくして私はこのうえなく孤独な状態に自分がいることに気づきました。もっぱら一般的利益で頭がいっぱいだったため、自分の私的なことなどすっかり忘れていました。どれほど忘れていたかというと、以下に現在の自分の状況を詳しく記しておきます。ここ三週間以上、私は固いパンと水しか口にしていません。仕事場には暖房もなく、自分の仕事を知らせるのに必要な複写費を賄うために最後のシャツも売り払いました。深い奈落

(3) ☆『同時代人に宛てたジュネーヴの一住民の手紙』は、タイトルの異なる初版(『人類に宛てたジュネーヴの一住民の手紙』)の改訂増補版として出版された。この初版には印刷年がないために一八〇二年頃と推定され、パリのアルスナル図書館にはサン＝シモンがナポレオン・ボナパルトに宛てた自筆の献呈状付きの一冊が所蔵されている。森博「サン＝シモンの生涯と著作(一)」(森博編・訳『サン＝シモン著作集』第一巻、恒星社厚生閣、一九八七年、三八一―三八二頁)。

の上に垂れ下がる一本の枝に引っかかった男のように、私は一日千秋の思いで救いの手を待っております」(『一八一三年十二月八日の書簡』I・一四二頁)。

作品を書き続けるために、サン=シモンは多くの協力者たちに訴えていくことだろう。彼は長いこと温めてきた自分の考えをはやく公表しようとしていた。おそらくその理由は、「学問の道」に入ったのがあまりに遅かったからである。彼は一気に本質へと向かおうとする。「私は書く。なぜなら語るべき新しいことがあるから。私は自分の思想を、自分の精神がそれを形作ってきたように提示するだろう。その思想に磨きをかける労は専門の作家たちにお任せする」(VI・一六頁)。一八一四年にこの共同作業を最初に引き受けたのが若き高等師範学校生《ノルマリアン》オーギュスタン・ティエリであった。ほどなくこのコンピエーニュの教師はサン=シモンと一緒に『ヨーロッパ社会の再組織について』を出版するだろう。ところで、相変わらず資金集めに苦労していたサン=シモンは、一八一五年の春にアルスナル図書館の司書補のポストを見つけるが、その年の七月八日にはそれを失っている。彼は新入りの若き秘書とともに、一八一五年五月に『一八一五年の同盟への対抗策についての意見』という冊子、次いで一八一六年十二月から一八年五月まで『産業』の各分冊の出版を行った。この間、サン=シモンは、自分の知的冒険に付き合ってくれる最初の庇護者を見つける。銀行家のラフィットと工場主のテルノーが彼の提案を財政的に支援してくれたのである。しかし、一八一七年春のオーギュスタン・ティエリとの別れを経て、夏には財政的支援も打ち切られてしまう。サン=シモンは『産業』の出版を続行するために、新たな秘書が必要になった。八月から彼の協力者となったのがオーギュスト・コントであった。彼は退学処分となったばかりの元理工科学校生で、一八二四年までサン＝シモンのもとで働くことになる。サン＝シモンはコントとともに、一八一八年から一九年に『産業』第三巻と『政治家』を、一八一九年八月から二〇年二月にかけて『組織者』を立て続けに出版した。一八一九年十一月に「組織者―抜粋」〔『組織者』第一巻所収〕というタイトルで、例の有名な「寓話」[4]が世に出る（これは十二月に二度も再版された）。しかし、王国の有力者たちが一瞬でいなくなっても「国家にとって何の政治的支障も生じない」という大胆な予想をぶち上げたこの出版物に対して、翌年一月に司法当局が動き出した。さらに、この「寓話」の出版から数週間後の一八二〇年二月十三日には、サン＝シモンが作成した〝役立たずリスト〟に名前のあったベリー公が暗殺される。この事件のせいで、サン＝シモンは王家の太子たちへの不敬の廉で国王の検事から告発されることになった。四通の『陪審員諸氏への手紙』（一八二〇年三月）のなかで、サン＝シモンはこの告発に対して弁明している。王家を侮辱する意図などまったくなかったと主張したのち、彼は無罪となった。

---

(4) ☆「サン・シモンの寓話」を指す。本書の第三章Ⅳを参照。一八三二年にオーランド・ロドリーグがはじめて『サン＝シモン著作集』を編んだ時に「組織者―抜粋」にこのタイトルを付け、その後の編者もこれに倣ったために、一般にこの名で通るようになった（森博編・訳『サン＝シモン著作集』第三巻、恒星社厚生閣、一九八七年、四六二頁）。

「諸君、もし私が不敬罪を犯しているとしても、それは皇族の方々に対してではまったくなく、現在の政治体制全体に対してである。もし私が罪を犯したとすれば、それは公事の運営の仕方が文明の現状から極めて立ち遅れているということを立証した罪であり、よりよい社会秩序を確立するために進まねばならぬ方向を示したという罪である」(『陪審員諸氏への手紙』Ⅵ・四〇九頁)。

この訴訟ののち、彼の名声はかなり増すことになった。彼は「産業家たち」を組織しようと、一八二〇年九月から二二年六月にかけて、著書『産業体制論』の元となる複数の冊子を出版した。彼はルージェ・ド・リール〔「ラ・マルセイエーズ」作曲者〕とともに「産業家たちの歌」まで作曲し、それを友人の産業家テルノーの労働者たちに教えている。だがこうした活動もその困窮状態から彼を救い出すことにはつながらず、再び絶望の淵へと追い込まれた。一八二三年三月九日、サン=シモンは自殺を試みたが、ピストルに込めた七発の散弾は脳髄まで達せず、片眼を失った。二週間後に回復した彼は仕事を再開した。当時、リベラル派の代議士だったテルノーとラフィットが改めて支援に駆けつけた。一八二三年五月、サン=シモンは、著名な数学者にして理工科学校の元復習教師だったオーランド・ロドリーグ(一七九五―一八五一)と出会う。この融資銀行の頭取は財政的に彼を支援し、サン=シモンの最後の協力者となった。そうしたこともあり、十一月にはサン=シモンは「自分の仕事は至極順調だ」と娘に手紙を書いている。この流れで、彼は一八二三年十二月から翌年の六月にかけて『産業者の教理問答』を書き上げた。同じ頃、彼の周囲には賛同者たちの小さなグループができはじめていた。銀行家ロドリーグ、バイイ博士、法律家デュヴェルジエ、詩人レオン・アレヴィらが彼の友人となり、秘書となったのである。その代わり、一八二四年の四月、オーギュスト・コントとの関係は突如終止符が打たれた。一年後、最後の未完の書『新キリスト教』を執筆中にサン＝シモンは病に倒れる。彼は雑誌『生産者』の発行計画に取り掛かる余力をなおも残していたが、結局、その創刊日まで持ちこたえられなかった。一八二五年五月十九日、死の数時間前、サン＝シモンは弟子たちにこう遺言を残している。

「三時間前から、私は苦痛にもめげず、自分の考えを諸君に要約してみようと考えていました。すなわち、一致団結して努力すれば大きな成功を収める時機に諸君は達したということです。梨は熟し、諸君はそれを収穫できるのです。私の遺著『新キリスト教』はすぐには理解されないでしょう。カトリックの教説の失効が首尾よく証明されたので、世人はどのような宗教も消滅するに違いないと考えました。しかし、それは誤りです。宗教がこの世から消え去ることなどありえないからです。宗教はただその姿を変えるだけです。〔…〕ロドリーグよ、そのことは忘れてはいけません。また大事を成し遂げるには、情熱的にならねばならないということも、よく心に刻んでおきなさい。〔…〕私の全生涯はたった一つの考えにまとめられます。つまり、自分の能力を最も自由に発揮できることを万人に保証するというものです。われわれの次の出版物が刊行されてから四八時間後には、労働者の党が結成されるでしょう。未来はわれわれのうちにあるのです」（『グローブ』一八三一年十二月三十日）。

ペール・ラシェーズの墓地に遺体が埋葬された時、最初のサン＝シモン主義者たちが集まった。彼らの師の人生にも引けを取らぬ波乱に満ちたサン＝シモン主義者たちの冒険は、ここに始まる。

サン＝シモンの生涯は、作用と反作用からできている。それはいわばコントラストとアンガージュマン、そしてラディカルな姿勢からなる一つの塊である。たとえば、彼は軍人だったのに軍隊の廃止を訴え、貴族だったのにその資格を放棄し、有名な家系に属していたのに自分からその名前を捨て、貴族階級を無為徒食と呼んで唾棄し、極めて厳格なカトリックの家庭に生まれたのに教皇を異端だと罵る……。

サン＝シモンは常に実践は理論に優ると主張し続けた。彼はなによりもまず行動の人であった。その哲学は、軍人、エンジニア、企業家、そしてメジエール・理工科学校・医学校の学生というその経験からくる思索の延長上にある。ネットワークの計画と企図への指向が強く働いている彼の行動とその教育の足跡を理論の領域のなかに辿るという問題意識を持ってサン＝シモンの著作を読むならば、そこには一つの大きな統一性とはっきりとした一貫性が見えてこよう。

サン＝シモンの理論的な遍歴は、科学論から政治論を経て精神論へと進んでいく。そのため、彼の著作は次の三つの時期に分けることができる。（一）一八〇二年から一三年までの「哲学的認識論」の時代。この時期の主な対象は「有機体」である。（二）一八一四年から二三―二四年までの「政治経済論」の時代。この時期の対象は「組織者」である。（三）最晩年の「精神的宗教論」の時代。この時期の対象は社会の「組織化」である。有機体・組織者・組織化の思想は、あらゆる仲介物に囚われない流通の全面化という、変わらぬ関心に貫かれているのである。

第二章　サン＝シモンの認識論（一八〇二―一八一三年）

四十二歳のサン＝シモンが自分の著作を書き始めたのは、ジュネーヴに数週間滞在していた時だった。帝政期の初頭から王政復古期にかけて、彼は哲学と認識論の真摯な思索に没頭していた。その目的は、「百科全書」をもはや批判的な基礎ではなく、ポスト革命的・実証的・組織的な基礎のうえに作り直すことであった。一八〇二年[1]のサン＝シモンの最初の著作『ジュネーヴ住民の手紙』は、方法論と政治論、そして彼が「夢」と呼ぶ神話が盛り込まれている点で、彼の仕事全体の一般的な序論をなしている。そして有機体の論理を確定したという点で、一八一三年の『人間科学に関する覚書』がこの第一期の掉尾を飾る著作となる。

（1）☆『ジュネーヴ住民の手紙』の出版年については、本書二一三頁注（3）を参照。

Ⅰ　『ジュネーヴの一住民の手紙』

一八〇三年十月にごく少数の部数が配布された、およそ五十頁ほどのこの著作は、人生の前半四十年ものあいだサン＝シモンが行ってきた全思索の一種の集大成をなしている。第一統領〔ナポレオン〕に宛てた献呈状のなかで、筆者自身、「自分の生涯の大半をその思索に捧げてきた」（Ⅰ・八頁）旨を述べている。この著作でサン＝シモンは、ニュートンの墓前で寄付を募るという、その後評判となる一つの計画を打ち出している。

「ニュートンの墓前で募金をするのです。誰かれなくあなた方のすべてが、自分の好きなだけの金額を寄付するのです。

それぞれの寄付者に、三人の数学者、三人の物理学者、三人の化学者、三人の生理学者、三人の文学者、三人の画家、三人の音楽家を指名させます。寄付並びに指名を毎年、新たにやり直します。しかし、各寄付者が同一人物を再指名しても一向にかまわないようにします。最も多くの票を得た三人の数学者、三人の物理学者、等々に寄付の収益を分けてやります。〔…〕あなた方が指名した人たちには、いかなる地位も名誉も、またあなた方のうちのいかなる特殊集団からの金も、受けてはならないと厳しく要求しなさい。けれども、彼らが自分たちの能力《フォルス》を好きなように用いる、完全な自由《メットル》を彼らに与えます。［…］要するに、このようなやり方によって、あなた方は、あなた方の知識の進歩のために働いている人たちに指導者を与え、これらの指導者たちに巨大な威光を付与し、大きな経済力を彼らの意のままにさせることになるでしょう」（『ジュネーヴ住民の手紙』Ⅰ・一一―一三頁）。

サン＝シモンがこの最初の文書を書いた時代、ラグランジュやラプラスの研究のおかげでニュートンの理論がようやく普及・通俗化した時期にあたり、ニュートンを引き合いに出すのはオーソドックスなやり方であった。サン＝シモンの文書の力点は、それゆえニュートンへのオマージュ、いわんや墓前での気ぐれでユートピア的な拠金集めにあるのではもちろんない。サン＝シモンは、ディドロの『ダランベールの夢』（一七六九年）に立ち返り、願望との相違から現実を描きだす「夢」という文学的手法を使って、アカデミー、さらには知識と権力が取り持つ関係を批判しているのである。その批判の矛先は、統治者と被治者の分離、すなわちその正当性の観点からみた場合の政治的代表制に向けられる。サン＝シモンが提示する政府は、むしろ被治者と彼が「天才」と呼ぶニュートンのような大知識人のあいだの調停役となる。政治権力は被治者と知識――つまり彼らが自分たちの立場を受け入れざるをえないほど感嘆にたる知識――のあいだの関係に集約されるのである。政府は、自分の利益になるようにアカデミーを介して知識の方向転換を準備する。そして知識を制度化したアカデミーが被治者と統治者の仲介役を担う。アカデミーは（固有の意味でも象徴的な意味でも）政府を開明し、この輝かしい政府に被治者たちを虜にさせる。「啓蒙思想」の濫用を取り除き、大知識人と被治者のあいだに直接的な関係を築かなければならない。ニュートンの墓前での拠金とは、知の真の源泉、つまり天才に対する被治者たちの感謝の念を表している。寄付をなさいというのは、つまり知識を受け取る代わりに支払いをなさいということだ。このバーター関係こそ統治の社会関係の真実である。統治者／被治者という政治的代表制に代えて、サン＝シモンは一方に被治者と統治者が一体となった「人類」、他方に「人類を照らす松明として」の「天才」を置き、両者間の貨幣／知識のバーター制を提示する。この場合、政治はその権力を自らの正当性から引き出すだけでなく、正当性は外部からもやってくる。外部とは科学者（ゆえにニュートンが呼び出される）とエンジニアであり、というのも十八世紀の初頭以来、フランスではエンジニア職も「天才」と呼ばれてきたからである。サン＝シモンの最初のテクスト〔『ジュネーヴ住民の手紙』〕は、「天才」を擁護するところから始まる。天才、つまり万有引力の法則によって神の代わりに数学の原理を用いる人はもちろん、運河や土木建築、あるいは要塞を建設することで法則を活動に変換し、自然を制御するエンジニアもそこに含まれる。それゆえ社会的なものとの真の断絶は、政治的代表制がそれを指摘するところ（被治者と統治者のあいだ）にあるのではなく、むしろ全人類から天才を切り離してしまうことにある。社会的交換の二つの基本項こそ貨幣と知識であり、その統治を首尾よく受け入れてもらうためにこの二つの「通貨《モネー》」の流れを変えるのが政府である。このように統治者たちは被支配者からの「敬意」――すなわち統治者の活動が有用であるがゆえに被支配者が統治者の権力に同意すること――の恩恵に浴する。もし統治というものが、政府の活動の有用性に対する被支配者たちの自覚に依存するのであれば、統治は評価可能となる。サン＝シモンは統治を合理化すると同時に、この有用性を評価する枠組みを提示する。実際、統治が天才たちの科学に依拠するなら、彼ら以上に真理、つまり政治の有用性を語ることのできる人が果たしているだろうか？　したがって、ニュートンの墓前で募金をして、天才たちを「そのしかるべき地位に、すなわち最大の権威を帯びているように見える人々さえ含めたその他あらゆる人間よりも一段上」（I・一四頁）に置くことによって、社会的紐帯の真理の再建は可能となるのである。政治権力の源泉はその外部にあることを示しながら、サン＝シモンは知識を権力に変換する。彼の望みは、フランス革命がついに実現を果たせなかった啓蒙思想の仕事を続行することにあった。科学は権力に都合よく変えられ、道具化されてしまったために、大革命は未完のままにとどまった。これを最後まで完遂することこそ、一八〇二年にサン＝シモンが提起し、目指した問いであった。いわく「啓蒙が君臨する日も近い」。だがフランス革命が生んだ政治権力の独裁的な専横の観察者でもあったサン＝シモンは自問する。十八世紀の啓蒙哲学者たちの計画はなぜこのように惨憺たる結果となってしまったのか。それは、天才たちが政治権力によって奴隷の身分に、つまり政府に従属するアカデミシャンの地位に貶められたからだ。知識人＝アカデミシャンは政治的統治の道具にされてしまった。天才は名誉と勲章にまみれ、アカデミー会員へと物化し、政府と被治者を取り持つ仲介役に成り下がった。各アカデミーは知に対する支配力を行使しながら、被治者に対する権力の再生産に一役買っているにすぎない。そういうわけでニュートンが「人類の選民」たるべきなのに、「アカデミシャンが終身会員に選ばれている」。各アカデミーが「暴君リシュリュー」によって創設されたのは、それらが保身の役割を演じている何よりの証拠だ。政治権力にとって、各アカデミーを使えば「世論の操作」が可能であることをリシュリューは理解していた。なぜなら、その後、各アカデミーはことごとく「秘密裏にリシュリューの専制政治の管轄下に」（I・一七頁）収まるからである。天才は太陽のごとく人類全体を照らすべし。ところが、この同じ天才がアカデミシャンに姿を変えて目にするのは、政治権力が被治者の同意（ないし「敬意」）を得ようと被治者の方針に自らを重ね合わせ、その権力よって、そしてその権力のために天才の照らしが歪められている光景であった。結局のところ、ニュートンの墓前拠金という夢によって、サン゠シモンは社会的紐帯の二つのモデルを対置させようとした。第一の紐帯は、「天才」（学者とエンジニア）と人類（被治者と統治者が一体化したもの）の直接的な関係である。この関係を介して、知識は敬意・貨幣と交換される（選出と拠金）。第二の紐帯は、統治者およびそれに奉仕する各アカデミーと被治者の間接的な関係である。政治的代表制・統治の紐帯がこれである。ここでも確かに知識・貨幣は敬意と交換されるが、貨幣は統治者に有利なように誘導され、敬意も政治権力に有利なように誘導される。この二つのモデルにおいて、流通するのは同じもの（知識、貨幣、敬意）でも、それぞれの性質は知識が政治権力に従属しているか否かによって異なっている。問題の一切は、これらの流通物がそれを誘導する仲介者を通して流通するのか、あるいは仲介なしで流通するのかを知ることにある。この意味でいえば、サン゠シモンが社会の直接的関係のほうを目指した点で、ユートピア的だと言われるかもしれない。もちろん現実においては流通の性質は異なってくる。つまり、誘導された知識は盲信となり、敬意は個別利益に従属し、貨幣は支配の手段となる。サン゠シモンが定義する三つの社会階級、そして各階級に付帯する三つの流通物（知識、貨幣、敬意）を考察すれば、第三階級に対抗して二つの社会階級が結ぶ同盟関係から、考えられうる組み合わせを定式化するのは容易である。各「階級」はそれに付帯する流通物を持ち、有機体の一つの器官のように機能する。つまり「天才」は知識を生産し、「統治者」ないし有産者は貨幣を自由に使い、「被治者」は指名権を握り、統治に「敬意」ないし同意を与える。ここから、知識人《アンテレクチュエル》の三つの形態に応じた三つの社会的な組み合わせしかありえないということが確認される。第一の組み合わせは、各アカデミーが統治者たちに奉仕する同盟関係であり、これはサン＝シモンが批判したものである。なぜなら「知識人＝アカデミシャン」は、統治者たちからすれば支配力の行使に必要な「知識」を生産してくれる点で、統治者に従属しているからである。これは「専制政治」の特徴を示している。第二の組み合わせは、天才と被治者の同盟関係である。だがこれは、フランス革命が例証しているように、一切の統治の排除によって無秩序状態となるのは目に見えている。「指導的知識人たち」は、知識人と統治者、知の生産と統治を融合・混同してしまう。これは「アナーキー」の特徴を示している。第三の組み合わせは、被治者と統治者を人類のなかに統合する同盟関係であり、まさにニュートンの墓前拠金によってサン＝シモンが夢想した体系がこれであった。統治者の権力に屈したり、それに取り込まれることのない「自律した知識人」だけが真に知の生産者の役割を果たすのである。第一の同盟関係は社会から知的な方針を追放し（専制政治）、第二のそれは政治的な統治を締め出す（アナーキー）。この二つの同盟はどちらも実力の行使に基礎を置いている。ところで互いに対立し、打ち消し合うことのできる力は二つしかない。それは軍事力と民衆の力である。『産業』（一八一七年）で、サン＝シモンはこう書いている。「社会にはまったく同等に、それが恐れ、唾棄する二つの敵がいる。それはアナーキーと専制政治である」（I・一二八頁）。社会の政治的・知的方針を考え出すことで実力行使を退ける第三の同盟関係にとって、無秩序と極端な秩序のどちらにも与しないのが得策である。力はもはや存在理由を持たず、「一般的な有用性の研究」に席を空けるために、その歴史的役割は終わりを告げたのである。実力行使なき社会の指導という「夢」は、アナーキーによるものであれ、専制政治によるものであれ、いずれの統治形態も退ける。仲介なき完全な流通社会というユートピアは、『ジュネーヴ住民の手紙』(一八〇二年)以来、常に素描されてきた。それゆえサン=シモンにとって社会体系とは、多少の差はあれ短期的な循環経路を流れる三つの流通物(知識、敬意、貨幣)の組み合わせから生まれる。もちろんニュートンの墓前で彼が構想した拠金の場合、この経路は直接的だが、彼が観察した社会体系の現実の場合は間接的で道のりも長い。その結果、政府は(貨幣・知識・敬意の)一つの迂回路ということになる。つまりこの回り道を引き返すことは、さしあたり政府を脇に置くということになる。ここにサン=シモンの仕事の導きの糸がある。サン=シモンは、知識・貨幣・敬意の流通を妨げる第三の支配者〔政府〕を排除することに、まるで強迫的に憑りつかれた。『ジュネーヴ住民の手紙』は、知識のコミュニケーションを再建して、フランス革命後についに啓蒙思想が勝利するために、政府を縮減させる必要性まで一挙に論じていく。サン=シモンの「夢」である創造的な直接性の哲学は、『新キリスト教』まで彼の仕事の全体を貫いていくだろう。科学の原理は、彼の「全面的な反体神学」(I・二一八頁)のなかでは神に相当し、媒介なしに手が届くものでなければならない。サン=シモンは、無媒介のコミュニケーション、コミュニケーションのユートピアを探し求める。

「人間の人間に対する関係が直接的になり、神を介して行われるのをやめること、また聖職者を介して行われる人間と神の関係についても同様であるということを要求することに帰着する。つまりこの第二の点に関していえば、キリスト教の最初期におけるがごとく事が行われることを求めるものである」[2]。

実際、サン＝シモンが一八二五年の最後の著作でその土台を築いた宗教である新キリスト教は、金融（貨幣）・知性（敬意）・商業（交通網）の流れから成る流通――つまりコミュニケーション――を妨げる社会の諸媒体の排除の上に打ち立てられるだろう。物理的強制力は満場一致で得られた同意ほどには、どんな権力の源泉にもならない。統治にとって知識は強制よりも重要なのだ。マキアヴェリの二つの気質をもつケンタウロス[3]について、サン＝シモンは同意する価値があると認めている。彼は、この考えを展開

(2) これは、「サン＝シモン伯爵」（『哲学国際誌』一九六〇年、三四一頁）のなかでジャン・ドートリが一九六〇年に公にした『産業の政治的利益』と題するサン＝シモンの文書である。

(3) ☆マキアヴェリは『君主論』第十八章で、半人半獣のケンタウロスに育てられたという古代の王族の故事にちなんで、君主は人間の法と野獣の力を巧みに使い分けることが肝要であると説いた。「君主は、野獣と人間を巧みに使い分けることが肝心である。この事がらについては、昔の著作家が、暗示的に君主に教えてくれている。アキレウスを初め古代の多くの王たちが、半人半馬のケイロンのもとに預けられて、この獣神に大切にしつけられたとある」（池田廉訳『君主論』中公文庫、一九九五年、一〇二頁）。

した著作『十九世紀の科学的研究序説』（一八〇七―〇八年）のなかで、「偉大な力とは知力である」（Ⅵ・一九〇頁）と主張した。どんな権力も、「一般観念」（神ないし原理）を要石とするイデオロギーを基礎にもつ。宗教は科学にとって無用となったが、政治にはなおも必要である。なぜなら政治は宗教的象徴《シンボル》を土台にしているからである。

「社会秩序を維持するために、宗教は必要だと私は信じる。〔…〕神の観念は物理的諸科学では決して用いてはならないことを私は証明したと思うが、しかし、神の観念が政治的計画――少なくとも長期間にわたる政治計画――に利用されてはならぬとは言わない」（『序説』Ⅵ・一七〇、一七五頁）。

政治の源流を訪ねれば、そこには科学と宗教がある。この二つをまとめて言えば、それはイデオロギーである。サン＝シモンはやるべき仕事の順序を決める。「まずは良き百科全書を作ってから、はじめて良き教理問答を作ることができるだろう」（Ⅵ・一八〇頁）。しかも科学的見解は「全階級の子供と全年齢の無知な人々に教えられるように、その外見を神聖なものに仕上げること」（Ⅵ・一七五頁）が必要となるだろう。この統治を創り出すものこそ正当性であり、つまりは社会の知的・政治的な指導である。サン＝シモンは、有産者たちに向けて次のように呼びかける。

「あなた方は非常に少人数です。それなのに、彼らがあなた方の命令に従うのはなぜでしょうか？

その理由は、あなた方の知識の優位があなた方の力を一つに統合する手段をあなた方に与え、それが事物本然の理によって、彼らとあなた方とのあいだに必然的に存在する闘争において、通常あなた方を有利にさせるからです」(『ジュネーヴ住民の手紙』Ⅰ・二八頁)。

サン＝シモンは社会の階級闘争を前面に打ち出すと同時に、この闘争におけるイデオロギーの支配的な性格も提起する。このイデオロギー決定論は、マルクス主義の経済決定論のようなものから見れば、サン＝シモンを「ユートピア思想家」の部類に追いやるもののように映るだろう。

「私は、次のような見解を考慮するように読者に促します。すなわち、有産者たちは財産をもっているがゆえに、無産者たちを指揮しているのではなく、全体的に彼らは無産者たちにまさる知識を持っているからこそ財産を持ち、指揮を執っているのであるという見解がそれです」(『ジュネーヴ住民の手紙』Ⅰ・三〇頁、脚注)。

政治権力は、経済的な決定からも物理的な強制力からも生まれない。それは社会階級の集合的知識の、つまり観念体系という意味でのイデオロギーの産物である。フランス革命が陥ったアナーキーと専制政治のジレンマから抜け出すために、サン＝シモンは、政治的な改革路線、「シンプルな変更」のルートを模索する。今日のわれわれなら、彼を「改良主義者」と呼ぶだろう。「あらゆる開明民族に共通して」みられる、「人間精神が陥っている危機」（I・三二頁）の治療を目指すその活動の仕方は、社会的なものを新たに調整していくことにある。生理学的な有機体と社会組織を重ね合わせながら、サン＝シモンは、均衡と規制の面から社会の再組織を考えようとする。つまり偉大な神的技師〔神の見えざる手〕を追放することで、彼は社会的機能を脱宗教化させ、規制というものを本質的に技術的な事柄へと変えようとする。そのために、デビュー論文以来、サン＝シモンが提案するのが生理学と社会学の同一視である。「われわれは有機体である。そこで私は諸君に提案するための計画を思いついた。それは、われわれの社会関係を生理学的現象として考えるということである」（I・四〇頁）。この計画は、大革命が現実には変えられなかった既存の社会体制から、まったく別の「一般観念」と神学抜きの産業主義的精神《イデオロギー》に基礎を置く新しい社会体制への平和的移行を保障することにある。要するに、この計画の狙いは宗教の世俗化にある！　事実、「私に語っているのは神である」と語るサン＝シモンの願いは、合理的宗教であり、神なき宗教であり、「科学的イデオロギー[4]」の創設であった。というのもそれらはあらゆる政治的・社会的制度の「溶接剤」だからである。サン＝シモンは、社会を調整するためにニュートンの法則に類する一つの法則を探究する。彼は、神の代わりに宇宙の「単一法則」を持ち出してくるとはいえ、イデオロギーはやはり政治に優越しつづける。ある意味で彼は、十八世紀の哲学者たちの仕事を反復しているが、しかし彼らの仕事の到達点といえる大革命後に彼はそれを行うのである。新宗教の基礎である新百科全書の構想を練りながら、単なる批判ではなく建設的に彼は発言する。その「夢」のなかで、サン＝シモンは次のように記していなかっただろうか？「偉大な力を備えた一人の人間がこの宗教の創始者となるであろう」（I・五五頁）。

もちろん、自分のことを言っているのである！『ジュネーヴ住民の手紙』のなかで、サン＝シモンは、一方で社会闘争の優越を打ち出すが、調整型の均衡の方法も模索し、他方でイデオロギーの優越を打ち出すが、この新宗教の科学的基礎も追い求める。「一般観念」と「人類」の両極のあいだに極度の緊張を生み出しながら、サン＝シモンは、アカデミーの仲介や政府の仲介といった一切の媒介を払いのけた理想的な社会空間を手に入れる。ユートピア思想に特有な、こうしたあつらえ向きの社会的な装置は、絶え間ない自己調整的運動に応じて二つの力が引きつけ合い、反発しあう一種の磁場となる。理工科学校の教授陣の周辺で磁場や電気の誕生に関する諸発見を学んだサン＝シモンの「夢」とは、逆説的にもそうした発見に触発された一つの科学的な夢だったのである。

II 『十九世紀の科学的研究序説』

『ジュネーヴ住民の手紙』が彼の仕事の一種の全体的な序文だったとすれば、『十九世紀の科学的研究序説』（一八〇七—〇八年）は正確な意味でサン＝シモンの認識論的な仕事の幕開けである。サン＝シモンは

（4）この概念はジョルジュ・カンギレームからの借用である。「科学的イデオロギーとは何か?」『生命科学史におけるイデオロギーと合理性』（パリ、第二版、一九八一年、三三—四五頁）。

フランス革命の分析の過程で、「科学革命は政治革命のすぐ後にやってくる」と主張し、科学的大革命の到来を予測した。彼は自分の認識論的関心の主要な問いを提起している。「高等専門大学《エコール》はなぜ固体理論と流体理論のあいだの矛盾の解消に取り組まないのか?」(Ⅵ・二〇頁)。この難問を解くには、固体と流体の対立の意味を明らかにする必要がある。「固体学者」はニュートンのように「天体の運行を観察してきた学者」(Ⅵ・二〇頁)であり、「天体のあいだを隔てる空間は真空である」ということを命題としている。他方、「流体の運行を研究」する「流体学者」は「光は物質的であり、天体間を隔てる空間を通り抜けることを認める」(Ⅵ・二〇頁)人々である。この両理論のあいだの矛盾を克服するために、サン＝シモンはこの矛盾を現実のなかに移して、こう主張する。「あらゆる現象は固体と流体のあいだの争いの結果である」(Ⅵ・一二二頁)。彼は理論体系間の矛盾を現実のなかに読み込んでいく。「物質は二つの形態で存在する。すなわち固体と流体である」。いくつかの現象では、固体と流体の争いは固体の支配によって解決されており、「物理現象」がそれにあたる。だが別の現象では流体が固体に優越しており、それに該当するのが「精神現象《モロー》」である。そういうわけでサン＝シモンは、二種類の現象を区別する。

「物理的と呼ばれてきた現象は〃固体現象〃の部類に属する。精神的と呼ばれてきた現象は〃流体現象〃の部類に属する」(『序説』Ⅵ・一七五頁)。

無機体のなかでは固体が支配的である一方、組織体(有機体)のなかでは「流体の運動が固体のそれに優越する」。エンジニア・サン＝シモンの目には、物体は巨大なネットワークとして現れるのであり、そこで問題となるのが流体であり、排出口であり、交わりであり、生命なのである。

「有機体を固体と流体の生存競争として考察することによって、有機体の機構が脳における流体の発散（他の諸器官も同じ働きをする）に帰結することがわかる。［…］脳は、個体のすべての部分にこの流体を伝えるもろもろの神経が出発している器官である。感覚は、神経ないし生命の流れと、空間に存在する同じ微細度の諸流体が交わる排出口を通した神経の表出である」（『序説』Ⅵ・一二六頁）。

自らを取り巻く自然の延長上にある人体は液体の循環、つまり生命を保障している。有機体とは、それを取り巻く無数のネットワークを組み合わせたなかの一つのネットワークである。この「組織体」に対置されるのが「無機体」であり、そこでは流体は支配される側にある。連続と断続、あるいは原子と流体のこの対立は、サン＝シモンによれば、流体／固体という対《つい》に要約される。これらの観念はまた、事実と記号という概念的な価値も担っている。万物は流体と固体の争いであるとすれば、一つの現象はその発生からしか定義することはできない。『序説』（一八〇七年）以降、サン＝シモンは自分の哲学を基礎づける「一般法則」を打ち出し、一切の現象をその諸要素の闘争史に還元しようとする。この歴史は三つの時代からなる。すなわち、流体が優越する原初期、それが徐々に覆されていく中間期、そして固体が優越する最終期がそれである。この三状態の法則は、各現象の生成過程の連続性という公準を補うものとして最初は表明された。いまや人類史の全体がこの時代区分に収容されることになる。歴史は、原初からソクラテスまでの「古代史」とソクラテスから現代までの「近代史」に大きく二つに分けられ、そこではソクラテスが多神教と単一神教《ディスム》(5)の中間項のメルクマールをなしている。サン＝シモンがこの歴史に当てはめる準拠枠こそ、大時計の振り子のように動く交互運動である。彼は振り子時計を内蔵する大時計に宇宙をなぞらえることもあれば、今度は懐中時計――つまり人間である――を内蔵する振り子時計に惑星をなぞらえたりもする。無機体を扱う天文学や自然学という「大宇宙」の科学と、有機体を扱う医学や生理学といった「小宇宙」の科学が主要な二大科学をなしている。「大宇宙」の科学は人間が観察する世界の周縁に人間を置き、「小宇宙」の科学は人間を観察の中心に据える。必然的にそこで人間はこの二つの立場を同時に占めることになる。そういうわけでこの二つの部門は同時並行的に発展を遂げてきた。『経度局への手紙』(一八〇八年)の第一書簡で、サン＝シモンは、各現象が内包する流体／固体の矛盾に関する自前の理論をさらに敷衍している。そこにおいて彼は、「真空という不条理な考え」に対抗して彼が「力学的均衡」と呼ぶ自然的調整の研究をはっきりと掲げた。「摩擦」は固体に対する流体の抵抗から生まれるとするニュートンの考えを批判するために、サン＝シモンは「流体と固体からなる何らかの力学的体系」(VI・二二八頁)について考える。『序説』(一八〇七年)でサン＝シモンが現象の一切に適用した法則は、『経度局への手紙』では「何らかの体系」にまで一般化される。真空／摩擦というニュートン的組み合わせに対して、サン＝シモンは、永久運動から得られた、固体の力学に比肩する流体の力学を対置させるのである。そういうわけで、万有引力というニュートンの原理は固体だけでなく流体にも適用されねばならない。額面通りに受け取れば、こうした一般化は妄想と紙一重のところにあるようにみえるが、しかしサン＝シモンの目的はニュートン理論の一般化というよりも、宇宙の偉大な技師の消滅によって真空になった空間を埋めることにあった。そのためには神を「原理」、つまり科学法則に取って代えねばならない。流体と固体のサン＝シモン理論の源泉は、水力学、工学、生理学の彼の考察に由来している。サン＝シモンもよく知っていた運河に関するエンジニアたちの分析が、流体／固体の力学的均衡という彼の理論のなかで一般化されたのだ。彼の研究目的は、流体と固体のあいだの物質の中間状態を詳細に分析することにあった。すなわち物質の流れの性質を研究する流動学がそれである。ところで、サン＝シモンは、水をめぐる幼少期の夢想から士官兼エンジニアの水力学まで、この流体の流れの問題に常に関心を懐き続けてきた。一八〇八年、組織を一つのネットワークとして見なす自らの理論の主な構成要素のいくつかに彼は磨きをかけている。それはサン＝シモンの仕事の認識論的部分の土台をなすものであった。それを順序立てて説明することこそ、『人間科学に関する覚書』（一八一三年）の目的となる。この著作は科学哲学の総仕上げであるとともに、サン＝シモンの研究の転換点もなしている。

（5）☆サン＝シモンの déisme の用法は、いわゆる理神論を指すだけでなく、有神論 théisme や一神教 monothéisme も含まれているため、ここでは単一の神格を崇める宗教全般を意味するものとして「単一神教」と訳した。

Ⅲ 『人間科学に関する覚書』

この『覚書』は、彼の科学哲学研究の前半部の締め括りという意味で、サン＝シモンの仕事のなかで主著の一つにはいる。だが特に際立っているのは、この著作がその分析対象として組織の論理を掲げ、その他の研究、特に「社会生理学」への一般化可能な方法としてそれを打ち出している点にある。サン＝シモンは社会的対象の把握に科学的な基礎づけを与えようとする。しばしば一つの言葉に二つの意味を持たせるというのが彼のいつものやり方だが、例のごとく「人間科学」という言葉も、人体の科学、つまり生理学と「人間学」という二つの意味で理解されねばならない。物体から社会体への移動はその類似から単にスライドされているのではなく、二つの対象を同じ一つの方法で扱うことができるからである。物体と社会体の隠喩の言葉遊びへのありふれた批判を越えて、この同じ一つの方法を明らかにすることが重要となる。『覚書』での取り組みのおかげで、『序説』（一八〇八年）では変化に乏しかった流体／固体の弁証法的展開から、組織＝ネットワークをモデルとした関係の体系へと移ることが可能となった。矛盾する二つのカテゴリーないし記号の弁証法的な関係から、カテゴリーの複数性へと移行することで、一つの「ネットワークの効力」[6]が生み出される。組織＝ネットワークとは隠喩（一つの全体の纏まり）であり、多元的論理（一つの総体の纏まり）である。『覚書』には、その後サン＝シモンが社会的・象徴的領域に応用することの論理が透けて見える。対象と方法は重なりあう。組織体はその調和的な全体のなかで、方法論的準拠であり、基本的対象としての役割もなしている。それは、一つの全体（総体）としての諸要素のまとまりであると同時に、構造（体系）と有機的全体（組織）をなす集合である。この後者の観点から、組織はまたサン＝シモンの研究目的となる。

「今日では、思想家が目指しうる唯一の目的は、道徳体系・宗教体系・政治体系、要するにどのような面から考察するにせよ、観念の体系の再組織化に務めることである」（『覚書』V・一一頁）。

ここでイデオロギーに与えられている正確な定義こそ「観念の体系」である。サン＝シモンは、『ジュネーヴ住民の手紙』の計画を敷衍して、「哲学を医学に、医学に哲学を持ち込む」ことを使命としたカバニスのような意味で、イデオロギーの再構成を目指した。確かに、革命後の世界になすべきことはイデオロギーの再組織なのだ。そのためにサン＝シモンは、新しい政治学の土台となる新宗教を樹立する前に、まずは科学と哲学の研究を課題とした。科学＝哲学＝宗教＝政治という彼が考えた繋がりから、サン＝シモンは、宗教とは「科学体系を具現化《マテリアリザシオン》したもの」（V・三一頁）であると考える。彼はすでに一八一一年

（6）有機組織たる自然の体系のなかでは、アンリ・アトランいわく「ネットワーク組織に関する最低限のアプリオリな考えさえ持つことなく、［…］ネットワークの効力だけが現れる」（『生物組織と情報理論』パリ、一九七二年、一一六頁）。

のレーデルン氏への手紙のなかでこう書いていた。「宗教とは具体化された哲学体系以外のものであったためしはなく、またありえなかったのです」（I・一一五頁）。同様にサン＝シモンにとって、政治も具現化された宗教、つまり「物理的な力」へと姿を変えた宗教以外のものではない。

ヘーゲルが「弁証法的論理」を展開していたちょうど同じころに、『覚書』が唱えていたのが組織体の論理であった。出発点は矛盾にある。ヘーゲルでは、矛盾はそれを否定し、肯定し、超克する弁証法的連続（「止揚《アウフヘーベン》」、つまり「否定されたものを今度は自己において乗り超える」）のなかで展開していく一方、サン＝シモンにおける矛盾は、多元的なネットワーク体系においてこの矛盾を一般化する組織の論理のなかで展開する。サン＝シモンは、三つの次元をもつ一つの空間のなかで矛盾を展開する。ヘーゲルは、ヘーゲル的な論理の筋道によって対立物の統一を確保しながら、時間および二つの次元をもつ線状のかたちで矛盾を展開する。サン＝シモンの場合、その有機的論理によって「流体」と「固体」と呼ばれる対立物の統一が肯定されるのであるが、しかしそれと同時に生物体ないし「有機体」においては、流体が固体に優越する。この本来的な二つの主張によって、空間における基本的矛盾を一般化し、「有機体」によって定義される総体のなかにこの一般化を限定することが可能となる。サン＝シモンは最初から矛盾と総体を打ち出すが、その一方でヘーゲルは矛盾を提起して、その矛盾の生成のなかで総体性が姿を現していくに任せる。ヘーゲル的弁証法は運動の次元に属し、サン＝シモン的論理は連結《コネクション》の次元に属している。前者は合理的なプロセスを介して矛盾を契機に総体を生み出し、後者は観察を介して基本的矛盾と所与の総体のあいだの関係を確定する。ヘーゲルの論理は、それが万物に適用できるように抽象的であるがゆえに存在の論理である。ヘーゲルが存在の本質を抽象的総体として扱うのに対し、サン＝シモンの対象は具体的な総体としての組織にある。事実、「生理学的現象は万物のなかで最も複雑である」（V・二〇七頁）とすれば、組織を対象とすることは、可能な限り複雑なものを扱うことであり、一つの一般化可能な方法を打ち立てることである。「有機体」の「組織の論理」を類推《アナロジー》から別の有機体に移し替えることで、サン＝シモンは社会的なものを合理的に、つまり科学的に論じようとする。生理学的なものによって「組織の論理」を生み出せれば、政治に対して科学的なアプローチが可能となる。

「政治学が実証科学となるであろう。人間科学のこの主要な分野を開拓する人々が彼らの教育課程で生理学を学ぶに至った暁には、彼らは自分たちが解決しなければならぬ問題を衛生学の問題としかもはやみなさないであろう」（『覚書』V・二九頁）。

物理的な身体は、社会体や政治体を含めてどんな合理的な総体にとっても、そのモデルの役割を果たす。つまり有機的と合理的は同じものなのである。実際、複雑なものを理解するには、人体、とりわけ脳を観察すれば十分である。かつてサン＝シモンが医学校で経験したのがこれであった。流体と固体の基本的矛盾から組織の総体へと移行するために、流体を抑制する固体、つまり「管《チューブ》」の普及と接続によって諸関係が樹立される。そういうわけでサン＝シモン的論理の特徴としてここで語るべきは、「組織＝ネットワークの論理」である。ネットワークは、基本的矛盾と具体的・合理的総体性（つまり組織）のあいだの媒介を保障する。この有機的論理はネットワークの論理であり、流通を可能にする経路と接続の複合的な総体なのである。組織は組織化の高度な形態であり、一切の複合的・合理的総体のパラダイムである。組織の論理は身体の観察を介して見出されるものであり、「ネットワークの効力」は組織上に読み取り可能である。それは四つの要素によって措定される。（一）連結《リエゾン》ないし経路の量、（二）連結の多様性、（三）連結の方向の複数性、（四）さまざまな流通を可能とするその連結である。

「最高の身体組織を持った動物とは、濃度がさまざまに異なる流体の循環を規制する、大小きわめてさまざまな、きわめて多数の管が、それぞれきわめて多くの場所に配置されている構造を持った動物である」（『覚書』V・五〇頁、脚注）。

組織から抽出される合理性のモデルは、有機体の構造に現れているネットワークの観念である。ネットワークは、それが流通を保障するという理由で生命と等価である。サン＝シモンは、生気論の原理を組織の構造に組み込んでいく。組織体は、その組織化、つまり流通装置――サン＝シモンはそれを「器官」と呼ぶ――の物質性のなかに、自らの論理を有している。網目構造によって、「非有機体」ないし無機体とは異なる有機体――そして組織体一般――の正当性が承認される。ある存在はそれが持つ構造によって規定されるのだ。サン＝シモンにとって、「知性の序列は組織の序列と同じである」（V・四九頁）。生物の複雑さは、それを構成しているネットワークの組み合わせに応じて、定式化、つまり測定が可能となる。サン＝シモンが自分の論証の根拠にしているのが、ヴィク・ダジールの『比較解剖学』である。サン＝シモンは、物質の構成的矛盾である流体と固体の争いを立体空間のなかに組み込みながら、ヴィク・ダジールの考察を哲学的なプランにまで敷衍させる。そのために、彼は基本的矛盾から両項〔流体と固体〕のうちの一方へ――「有機体では固体の働きに優るのは流体の働きである」（V・八九頁）――、そして次に組織化と組織の機能の研究へと移動する。諸要素間の矛盾から総体の無矛盾性への移行を保障するのが、対立物とその統一のあいだの中間項であるネットワークである。サン＝シモンの論証は「無機体の構造と有機体の構造のあいだの比較」に基づいている。

「無機体と有機体という下位区分は、分類は二元的でなければならないという条件を満たし、世界の二大要素の分析的比較――個体の状態の物質と流体の状態の物質――をはっきり表明している。事実、無機体では固体の作用が流体の作用を上回っており、これに反して有機体にあっては流体の作用が個体の作用を凌駕している。〔…〕無機体を注意深く調べ、その組織の分析をできるだけ深く、つまりわれわれの知識の現状においてわれわれの感覚と知性が達しうる最も深いところまで押し進めるならば、その最もエレメントな諸部分が多かれ少なかれ多数の面を持つ多面体であること、これらさまざまな多面体が互いに並列していること、またこれらの多面体の数と位置に応じてそれらを部分とする物体は一定の形態をとり、その中心的諸分子の形状は幾何学者に判別できるということがわかる〔…〕。今度は有機体の研究に移ろう。有機体の内部構造を徹底的に研究したならば、やはり次のことがどこまでも確信されるであろう。すなわち、(一)有機体の組織の最も固定した部分の諸要素は、互いに粘着しあう穴の開いた小固体であって、これら小個体の結合が多くの異なった方向をとって互いに交錯しあう管、導管、パイプ、脈管を形成するように配列されていること、これらの管は長さや太さの点でも、膜の硬さや浸透性の点でもそれぞれ異なっていること。(二)分子の細かさの度合いを異にした流体がこれらの管内に絶えず流れていること、生命現象を生み出し保っているのはこれら流体の循環であること、したがってこの循環が止めば有機体は無機体になること、それゆえ有機体にあっては流体の作用が個体の作用を凌駕していること、がそれである」(『覚書』V・八九―九一頁)。

サン=シモンはあらゆる矛盾のうちに二つのカテゴリーを探知する。彼が対極に置く無機体と有機体は、流体と固体のあいだの基本的矛盾の一般化を可能とする二つの総体である。無機体は一つの「篩《ふるい》」、つまり固体をせき止めて流体を「逃がす」フィルターのようなものであり、有機体は流体の循環を支えるネットワークである。無機体と有機体はあたかも網のもつ二つの顔である。網は水に入れて固体を捕まえることもあれば(漁網)、大地に溝を掘って水路をつけることもある(灌漑網)。それゆえ有機体は流体の循環が止まると凝固し、死滅する。他方、無機体は熱の力が加わると流体になる。無機・有機を問わず、物体の具体的かつ合理的な総体は、流体と固体の不均衡と同様、その一般的形態と基本構造のあいだの不均衡の産物なのである。物体とは「力学的不均衡」であり、この不均衡はその構成要素や形態によって表される。無機体の多面形を観察すれば、その原子から多面構造を幾何学的なやり方で(*more geometrico*)演繹することができる。無機体の一般的形態とその基本構造のそれは一体となっているからである。無機体内部の組織はその表層に露出しており、土台と形態は重なっている。無機体を「切開」したり、解剖したりする必要はまったくなく、部分は推測可能であり、集合体から演繹することが可能である。無機体の基本単位は閉じているので、原子を並置して付け加えていくだけで簡単に無機体を構築することができる。サン＝シモンの無機体の分析は、彼が幾何学モデルで一様にそれを構築する場合に準じている。アカデミー会員ルネ＝ジュスト・アユイ師（一七四三―一八二二）が『鉱物学論』（一八〇一年）で打ち立てた結晶学の理論に従えば、無機体の本質は多面的なのだ。それに対して有機体の場合、基本構造は開かれており、これこそ流体が常に流れ続ける管や水路だ。常に流れ続けることによって、有機体の機能、つまり生命は保持される。有機体の構造は、水路、導管、「容積」や管から成るネットワークの一つのまとまりとして、「交差しあう」紐のもつれとして定義される。こうした水路のおかげで流体は循環することが可能となり、また逆に流体を抑制することは、物体の基本構造が管状であることを意味する。組織は、決まった形をもつ容器ないし「容積」によって、そして液状の中身の循環によって定義される。そこにあるのは、統一した容器の形と一貫した中身の動きである。それは、流通の空間を閉じることを目的に、もろもろの関係を数多く取り結ぶことを前提としている。有機体の目に見える全体的な形態は、無機体のようにその原基的部分から演繹可能というわけではない。内部にまで目をやり、管状の基本構造を正確に突き止めるために切断し、解剖し、切開する必要がある。有機体の全体的な形態はその基本構造を並置したものではない。なぜなら、そこにあるのは水路の錯綜であって追加ではないからである。それゆえ無機体の物理学が数学に依拠しているのに対し、有機体の研究に必要な方法は観察と生理学的実験となる。無機体と有機体のあいだには、根本的に多面体と管という基本構造の単純な形式的相違が横たわっている。無機体の基本単位〔原子〕は閉じられているが、物体それ自体は開かれており、流体はそこをすり抜ける。有機体の基本単位は開かれているが、身体それ自体は閉じることで、結果的に流通が生み出され、絶え間ない循環が約束される。無機体の基本単位は並置されるのに対して、有機体のそれは交差する。無機体はその内的構造を直に露わにしているのに対して、有機体は隠された複合的組織へと向かわなければ見えてこない。固体はアユイの結晶学によればネットワークの基体にあたるのに対して、流体の循環は、産声を上げたばかりの臨床医学によれば、それとは別物である。確かに有機体の構造は網目状であるが、サン＝シモンによれば、それは隠され、複合的であるがゆえに、ある体系の機能を説明するのに役立つ。目に見える複合的組織の出自はどちらも目に見えない網目構造と管状形態にあるのだ。流体の絶え間ない循環を介した見事な生命現象の秘訣を明らかにするには観察だけで十分である。この循環が中断されるやすぐさま死が訪れる。締め付けや出血は循環の流れを断ち切ることになるが、これはネットワークにおける停止や「詰まり」についても同様である。サン＝シモンによれば、「生命が停止するまさにその瞬間に有機体は無機体となり」（V・二〇六頁）、それは固体化する。いったん流通——つまり確かな流れを絶えず包囲すること——が止まると、病理学の出番となる。錯綜する経路が緻密かつ複雑であることは循環することで絶えず可視化され、循環はその絶え間ない運動からネットワークを横断することでそれを安定させる。ネットワークはその合理的配置のなかを循環することで姿を現す。その配置は観察に由来し、これによって有機体の基本構造からの演繹が可能となる。「流体が存在し、それが循環するのは生命現象の維持に必要である。［…］なぜなら血流によって活気づけられていない人体の部分など一つもないからである」（Ｖ・一〇一頁）。自らの認識モデルを打ち立てるために、サン＝シモンが依拠するのはもはや啓蒙思想の系統樹《ツリー》ではなく、ネットワークである。人体に現れる兆候を読み取る十九世紀初頭の医師のように、サン＝シモンにとって人体の表面（組織）と人体の内部（内部構造）を、王立医学協会が始めた新しい医療メソッドに沿って繰り返し観察すれば十分である。彼によれば、生命現象は、身体の管状の基本構造とこれらの管を流れる液体循環という二つの事実によって説明される。この二つの条件は互いに補い合い、必要としあう。容積／流通というこの対《つい》は、生体との類比から望ましい社会体制、つまり産業体制も規定していくことになる。この対《つい》が社会領域で重要な効果を与えるとすれば、それは一方で人体を循環する流れ（特に血液）と社会体に命を与える流れという両者のアナロジーに負うところが大きく、また他方で「容積《キャパシテ》」という言葉の主要な意味を微妙に変化させたおかげである。サン＝シモンの仕事のこの認識論時代の著作では、「容積《キャパシテ》」という用語は、「中身」ないし導管、つまり液体を流通させる一要素の意味で使われていた。だがその後、「政治論」時代の著作になると、サン＝シモンはこの≪capacité≫という言葉を資質の意味で、とりわけ予算（つまり貨幣）を管理する産業階級の「行政能力《キャパシテ》」の意味と絡めて用いることになる。認識論に関する著作において、≪capacité≫という言葉は、無機体の構造と対極にある有機体の構造を指示していた。だが政治に関する著作では、この言葉は「権力」に対立するものになる。たとえば『組織者』のなかで、サン＝シモンは封建体制と産業体制の違いを論じながら、この違いを「私は権力と能力《キャパシテ》という言葉の対立によって表現しようとした」（Ⅱ・八六頁）と述べている。「能力《キャパシテ》」は、もしそれが自立したものとなるなら一つの「力」となり、そうでなければ権力の道具に留まるだろう。能力《キャパシテ》が力を備えれば、権力へと変貌を遂げ、もう一つ別の権力と対峙することさえ可能となる。「こう言ってよければ、実証科学的能力は、それが力を生み出す限りで、権力を生み出す一つの契機だと考えることができる」（Ⅱ・八七頁）。それゆえ「力」を備え、一つの「権力」へと変貌した「能力《キャパシテ》」によって、一つの社会体制はもう一つ別の体制へと移行することが可能となる。言い換えるなら、容器として理解された容積《キャパシテ》が体液の循環する場となるのとまったく同様に、資質や見識として理解された能力《キャパシテ》は社会変革の梃となる。《capacité》を一方で容器、他方で資質として見なすという、サン＝シモンによるこの融合によって、生理学や物理学から社会的領域へのスライドが可能となった。しかし、この両義性は次の三つの学問において、科学領域の内部にすでに存在していた。まず、十八世紀にハラーがその唱導者となった組織の小繊維理論。次に、ジャン＝バティスト・セーの政治経済学。セーにとって、能力《キャパシテ》の概念は企業家を定義づけるものであると同時に、資質と容器という二つの意味も表していた。最後にとりわけ、蓄電器のはしりである「ライデン」瓶から生まれた「静電容量《キャパシテ》」の概念を持つ物理学、である。ガストン・バシュラールは、この最後の物理学部門について、《capacité》の用語がその二つの意味――つまり電気を通すもの〔資質〕と電気を帯びるもの〔容器〕――をいかに背負わされていたのかを明らかにしている。(7)《capacité》は、それが容器であれ、資質であれ、あるいは同時に両方であれ、流れを生み出し、技術的・生理学的・社会的・経済的な媒介役となる。サン＝シモンの理論のなかで流通という不変の要素の周辺で意味の微妙な変化をすべて可能にしているのが、水力学、生理学、物理学、そして政治経済学の合流点に位置するこの能力《キャパシテ》の概念なのである。彼の政治理論では、能力概念《キャパシテ》は産業的資質と見なされ、産業主義への移行に正当性を与えるのに対して、『人間科学に関する覚書』では容積《キャパシテ》と容器の類推から生命と循環の同一視が可能とされる。«capacité» の概念は、生体を説明する鍵《クレ》であると同時に、産業社会の要石《クレ》となるべき資質も示している。こうした語呂合わせがサン＝シモンの思想にとって豊かな資源であったのは、「各人はその能力に応じて」という運動の標語にまでなっているのを見ても明らかである。

一切の現象は流体と固体、つまり連続と中断のあいだの根本的矛盾の産物だと説くサン＝シモンは、この二つの要素のうちの一方を他方に優越させるこの矛盾内の力学を公準として定式化する。つまり有機体では流体が支配的であり、逆に無機体では固体が支配的となる。「ネットワークの効力」によって、固体／流体の矛盾は、合理的な総体（組織がそれにあたる）のなかで一般化され、増やされていく。有機体内部の諸関係の数が多ければ多いほど、そして繊細かつ複合的であればあるほど、それだけこの生体はよく組織され（つまり数量から資質への移行）、その環境にうまく働きかけている（内部から外部へ、合理から効力への移行）ということになる。このロジックのおかげで、複雑さが増してゆくプロセスを通して、部分から全体へと移動しながら、生体組織の自己組織化を合理的に説明することが可能となる。組織＝ネッ

（7）ガストン・バシュラール『適応合理主義』（フランス大学出版、一九六六年）の特に第八章、一四七―一四八頁を参照〔金森修訳『適応合理主義』国文社、一九八九年、二二八―二三一頁〕。

トワークという相同性は、効力の一つのモデルとしても機能する。なぜなら、生体がよく組織されていれば、それだけその組織化も好ましいものだからである。生体の構造が複雑であれば、環境に与えるその効力もそれだけ大きくなる。内部の循環運動は外部の作業行動の条件である。もし組織と合理性が同一視できるなら、その場合、一方で組織の調整——サン＝シモン的論理の目的がこれである——を合理的に導き出すことが、他方でこの「自然な」調整から合理性を抽出し、それを社会領域に移して一つの科学を打ち立てることが、それぞれ可能となる。この分析手法によれば、組織は、その総体が完成状態にある限りで、社会や政治にも適用可能な複合体の一つのパラダイムであると見なされる。一八一三年、サン＝シモンが打ち出したこの方法はその準備が整えられ、『ヨーロッパ社会の再組織について』のなかで彼はこの方法は普遍的、すなわちそれが適用される対象とは無関係に独立しており、正当にも科学的領域から政治的領域へ移し変えられると主張した。

「どんな種類のものであれ、すべての科学は解決されるべき一連の問題、検討されるべき問いにほかならず、それぞれの科学はこれらの問題の性質によって互いに相異なるに過ぎない。したがっていくつかの科学に適用される方法は、その方法がいくつかの科学に適するというまさにそのゆえに、すべての科学に適するはずである。なぜなら、この方法は、適用する諸対象からまったく独立した一つの道具にほかならず、対象の性質によっていささかも変更を蒙るものではないからである」（『再組織』Ⅰ・一八二—一八三頁）。

サン＝シモンの認識論的な仕事は、この一八一三年に一応の完成を見たといってよい。なぜなら、人体組織にも一つのモデルとそのロジックを自由に使えるようになったからである。「人間科学」とは、「社会生理学《フィジオロジー・ソシアル》」に応用された一つの自然＝論理学《フィジオ＝ロジック》である。この意味において、サン＝シモンは、確かに社会＝論理学《ソシオ＝ロジック》〔社会学《ソシオロジー》〕の創始者であった。彼にとって、組織とは身体組織のこともあれば社会組織のこともあり、そうした組織のかたちの多様性をうまく活用するだけで十分であった。人体と社会体のあいだのこのアナロジーが依拠しているのは、両者ともに同じ論理に則って分析することのできる複合的な総体だという考えである。『ジュネーヴ住民の手紙』の目的――つまり衛生学の問題として社会を扱うこと――は、方法論の面において実現を見た。サン＝シモンがやり残したのは、この解読格子を政治領域にも適用させることであった。そしてついにサン＝シモンは、彼が「系列《セリー》」と呼ぶ媒介――つまり物理と政治を結ぶ環――の形成に取り掛かる。「物理＝政治学《フィジコ＝ポリティック》」と呼ばれるこの計画によって、サン＝シモンが取り替えようとしたのが、ほかならぬキリスト教の象徴モデルであった。彼は、土台からして古臭くなった支配宗教に対して、科学的知識に基づく「全面的な反対神学《アンチ・テオロジー》」を打ち立てようとする。サン＝シモンが目指すのは、神の法ではなく科学法則に基づいた新たな社会表象であり、新たな宗教の科学的創設であった。彼は、神―キリスト―人間という三位格の表象図式によって組織されたキリスト教の代わりに、ニュートンが神に、組織＝ネットワークがキリストの身体にそれぞれとって代わる新たな象徴モデルを持ってくる。さらにサン＝シモンは『産業』のなかで、自分が特に目指しているのは「地上の道徳体系を組織化すること」〔I・二二八頁〕であると述べている。この最初の原モデルは、たとえそれが宗教的な三位格図式の〔上下の〕垂直関係を引きずっているとしても、政治を論じる際に有効な一つの手段となることがのちに明らかとなる。なぜなら将来の体制においては、「高きもの」はもはや「低きもの」に霊感を与えるものではなくなるからである。そういうわけで、この最初の定式は、政治の「科学的」分析に一度適用されてしまえば、放棄されても構わない。この原モデルのおかげでサン＝シモンの認識論は、諸科学の坩堝で長いこと練り上げられた一つの道具を手にしたのである。以後、サン＝シモンは、自分の政治理論に磨きをかけ、新たな象徴モデルを基礎づけるのに効果的な分析道具を自由に活用していくだろう。フランス革命の目的に見合った適切な社会体制を考えだし、それを実現する手段を提示しようと模索していたサン＝シモンは、一つの途方もない責務を自らに課した。彼は科学、政治、宗教をすべて再建しようとしたのだ。これは、彼がしばしば口にしていたように、「たった一人の人間に比して」途方もない野心である。生活の窮乏と帝政の終焉がちょうど重なった一八一四年、サン＝シモンは対象を変えて、直接の関心を政治へと向けていく。サン＝シモンが〔当時の〕第一統領の望みに応えるものと考えた「科学的イデオロジー」をついに手に入れたまさにこの時期に、皇帝が政治的・社会的危機の原因として観念学派《イデオローグ》を断罪したのは、なんとも逆説的であった。サン＝シモンは、もう一度出発点にたどり着いた。王政復古の到来とともに、サン＝シモンは政治的対象の直接的考察へと向かうが、それは一八〇二年以来、彼が絶えず述べてきたように、フランス革命がまだ成就していないことがはっきりしたからである。一八一四年の憲章の反革命的序文が宣べるような旧体制への回帰を、サン＝シモンが望んでいたわけではない。

第三章　サン＝シモンの政治学（一八一四—一八二三年）

一八一四年からサン＝シモンは「政治科学」の創始に熱を上げていく。一つの社会体制から別の体制への移行を構想・組織するために、彼は政治活動の小道具を考えては分析し、分析しては考えていくだろう。彼の仕事の前半部が組織の論理の解明に充てられたとすれば、彼の政治論は「組織者」——この時期の彼の主著のタイトルがこれである——のヴィジョンの構築に充てられることになる。新しい社会秩序への移行を加速させ、フランス革命を早急に最後まで完遂させるために、サン＝シモンは、政治を「実証的なもの」に変える諸概念を政治に適用し、政治活動のための装備一式に磨きをかけた。ここにおいて政治科学は理論として樹立され、そのいくつかの行動様式から基礎づけられることになる。つまり、政党、社会計画、さらには「前衛」の観念——彼の軍隊経験から生まれたこの用語を彼は政治と美学の領域に導入した——がそれである。一八一四年末、『批評者』の編集者たちへの手紙のなかで、サン＝シモンは次のように書いている。私が準備している『産業』という著作のなかで「政治科学の諸原則によって私が提示しようとしている諸観念」（I・七頁）の繋がりが「理路整然と」証明された、と。一八〇二年からサン＝

シモンはシンプルな手段による社会変革や「危機からの脱出」をすでに唱えていた。現実の改革（ただし革命なき改革）に対する彼の政治的関心は変わることはない。彼の関心は、一七八九年の大革命がその暴力的な姿にもかかわらず、そしてそうであるがために未完に留まったという確認からまずは出発する。革命を終わらせるには、現実に社会体制を変革し、産業体制を創設しなければならない。ところで体制の根本的変革は、逆説的にも、見たところは些細な制度の修正と結びついている。革命の目に見える影響はその実際の効果とは反比例の関係にあるからだ。そういうわけで、変革を成し遂げるには社会体制のなかで政治的な改革運動を身に着けさせる的確な場を見定めなければならない。再び経済的困窮へと陥った時期を脱したサン＝シモンは、秘書としてオーギュスタン・ティエリを雇い、ウィーン会議がちょうど行われていた時期に著された『ヨーロッパ社会の再組織について』の編集に彼を参加させる。

I 『ヨーロッパ社会の再組織について』

社会の再組織に取り組んだこの著作の目的は「知性の状態に見合った政治体制を創設することにある。［…］私が披瀝した組織化計画は斬新で一般的な特徴を備えた最初の計画である」（I・二四四―二四五頁）。かつての啓蒙思想はフランス革命へと帰結した批判的な力であったのに対し、サン＝シモンの理論は建設的かつ組織的なものである。

「すべてこれ、もろもろの政治的大問題の検討こそがわれわれの時代のなすべき仕事の目標であるということを、私に告げている。十八世紀の哲学は革命的であった。十九世紀の哲学は組織的でなければならぬ」（『再組織』Ⅰ・一五八頁）。

政治を科学的ないし「実証的」なものに変えるには、適切な「社会の組織化」を見つけ出す必要があり、まずは組織化の概念自体を問うことから始めなければならない。暴力とは対照的に、この社会の組織化こそ究極の目的であると同時に社会変革を実現する一つの手段でもある。政治的・社会的な組織化とは、どこまでも「原理」の制度化、つまり組織化に正当性を与える「一般観念」の制度化にほかならない。制度とはイデオロギーの結晶である。有機体を自然の組織として考察した場合、その本質は流体の循環を可能とするその網目状の構造にあるのと同様に、制度を社会の組織として考察した場合、その本質は「原理」の調和のなかにある。なぜなら制度は正当性の問題にかかわるので、それを変更するには観念の一般体系、つまり「イデオロギー」に働きかける以外にはありえないからである。ではサン＝シモンの政治的な再組織化計画とは何か？　彼は、国民国家《ネーション》を超えて世界的アソシアシオンへの第一歩となるべきヨーロッパ統合の最初の理論家の一人であった。イギリスの議会制に範をとった個別の諸制度を持つヨーロッパ連合の創設を彼は提案する。ヨーロッパ連合の上部には、権力なき一人の王と二つの議会が据えられる。この議会の一方は貴族院、そして他方は二四〇名（さらに商人・学者・産業家・官僚ごとに六〇名ずつ四つの産業団体に再分割される）の欧州議員から構成される。英仏のカップルがまずその創設の中心的役割を担い、次いでドイツ、そして今後代表制を採用するであろうすべての国へとその範囲は広がっていく。「ヨーロッパの再組織化はそれゆえ今からでも始めることができる。イギリス人とフランス人には手を組んでもらって彼らに共通の議会を創設していただきたい」（I・二〇八頁）。サン＝シモンは、まるでその後の二世紀のあいだに大陸を激しく揺さぶるあらゆる危機を予感していたかのように、「戦争・災害・政治革命なき」（I・二〇八頁）ヨーロッパの再組織化を実現しようと模索する。サン＝シモンの飽くなき新体制の探究はさらにヨーロッパの問題も越えていく。なぜなら、彼は既存の体制を実際に変革する方法と手段を見つけようとするからである。そのために彼は、未来というものを現在の行動に対する要請として位置づける。方向性はもはやあの世からも起源からもやってこない。未来から来るのだ。

「人類の黄金時代はわれわれの後方にあるのではなく前方にある。それは社会秩序の完成にある。われわれの祖父たちはまったくこれを見なかった。われわれの子孫たちはいつの日かそこに到達するであろう。彼らのためにその道を切り開いてやるのはわれわれである」（『再組織』I・二二四七―二二四八頁）。

新たな方針の決定は方向性を見出さなければできるものではない。サン＝シモンの思想にしばしばみられることだが、「普遍的なもの《ウニヴェルセル》」は行為に依拠している。なぜなら理論は実践に従うからである。それゆえ生理学とは異なり、政治学において真実を明らかにするには現在の状態を観察するだけでは十分ではない。確かに見ることは知識を解放するが、しかし見方を知らねばならない。すなわち、見るためには行動しなければならない。見えないものの覆いを剝ぎ、見えるものを反転させるためにあれこれ推測を行い、真実を見つけなければならない。真実は常に視界のなかにあるとすれば、改めて正確な観察の諸条件を整えなければならない。

「確かに、一つの科学は観察された――そしてその正確さが広く一般に承認されている――諸事実だけを基礎にすることによってしか実証的にはならないことが事実であるとしても、どのような分野の知識であれ何らかの仮説を用いて基礎としての役を果たすあらゆる事実を一つに結び合わせた時にしか科学とならないことも同様に異論の余地がいない［…］。それゆえ政治が科学になった暁には、他の諸科学の場合にそうであったのと同様に、政治学においてもさまざまな仮説が用いられるであろうことは疑いない」（『再組織』Ⅱ・一一九―一二〇頁、脚注）。

そのようなわけでサン＝シモンは、自らの「科学的な」政治学を説明するために「仮説」と推測を次々に繰り出していく。そのなかで最も有名なものこそサン＝シモンの寓話である。

Ⅱ 『産業』

一八一六年から一八年にかけて起草・刊行された『産業——有用で独立した仕事の従事者すべての利益をめぐる政治的・道徳的・哲学的議論』の表紙には、次の有名な題辞が掲げられている——「すべては産業によって、すべては産業のために」。この共同作品の資金は、月刊の各分冊と各巻の定期配本による予約購読によって賄われた。それゆえ『産業』には、「アンリ・サン＝シモンの養子」オーギュスタン・ティエリ、サン・トーバン、ジャン＝アントワンヌ・シャプタル、そしてオーギュスト・コントといった面々が編集に参加した複数の分冊をまとめた二つの巻も含まれている。コントは一八一七年八月に秘書となるが、その同じ年の五月にすでに編集が始まっていた第二巻には、とりわけ『アンリ・サン＝シモンのアメリカ人への手紙』という名で知られる「政治的・哲学的書簡」が含まれていた。そこでサン＝シモンは、『ジュネーヴ住民の手紙』で打ち出した、統治者・被治者・知識人という三つの社会集団——各集団の協力がそれぞれ三種類の政治的・社会的体系を構成する——の区別を新たに取り上げなおす。政治的代表制を土台とした統治者／被治者（その総計が人類となる）の区別に代えて、『産業』のサン＝シモンが打ち出すのが、「生産者」と「非生産者」（その総計が「労働者」となる）という経済的アプローチに基礎づけられた区別である。第三集団はここでも知識人のままだが、もはや天才ではなく政論家となる。新たなイデオロギーを造り出すには、「学者」を自立させ、新しい哲学体系を打ち出せるように、彼らを統治者の庇護から解き放たなくてはならない。サン＝シモンは、『ジュネーヴ住民の手紙』の本来のテーマ、つまり統治者と知識人の支配関係の逆転を再び取り上げる。彼は政府の廃止、つまり「人類」と「天才」、「労働者」と「政論家」の直接的な関係——すなわち専制政治とアナーキーに対抗する両者の同盟関係——の確立という中心思想を保持し続ける。だがその一方で彼はもはや政治的代表制にではなく経済分析に用いられる問題設定の用語、とりわけその基礎概念に変更を加えた。なぜ政治的代表制の領域から経済分析の領域へ移動したのだろうか？『ジュネーヴ住民の手紙』のサン＝シモンは未来を描くために夢に縛られ、新たな社会秩序への移行の問題はニュートンの墓前募金というユートピア的な訴えを帯びていた。一八一七年、彼はもっと具体的な政治行動へと踏み出していく。彼は正確な歴史的状況のなかで振る舞うことを望み、労働者に行動手段を授けようとする。ところで一八一三年の『覚書』以来、「組織＝ネットワーク」をモデルとした移行理論を手に入れていたサン＝シモンにとって、そうするにはこの理論を社会体へと引き写すだけで十分であった。彼は、政治経済学の研究、特にジャン＝バティスト・セーの『政治経済学要論』を参照しながら、ようやく自分が社会的移行の実行手段を解明したことを誇示する。サン＝シモンの産業主義は、この学問のうちに自らの正当性を見出したのだ。

「政治経済学は政治学の本質的な唯一の基礎である」（『産業』I・一八五頁）。

「政治学はそれゆえ一言で要約すれば、生産の科学である」（同・一八八頁）。

サン＝シモンは、経済学は政治学の本質であるということと、政治体制はイデオロギーの応用であるということをここで同時に主張する。つまり政治学は対象を持たない、なぜならそれはイデオロギーの応用であり、遠回りした経済学だからである。政治を論じるには、イデオロギーと経済学の二つへと立ち戻らなければならない。つまり生産のイデオロギー、ないし「産業のモラル」への回帰である。政治とはモラルの管理にして管理のモラル、言い換えれば政治は生産のイデオロギーを生み出すものなのである。この点に関していえば、産業主義という概念の完全な定義が手に入れば、「象徴経済」について語ることも可能であろう。サン＝シモンの認識論のなかで生理学が与えた役割を、政治論のなかで果たすのがスミスとセーの政治経済学である。流通の有機的モデルに共に依拠している点で、ここには相補的な関係がある。サン＝シモン同様、ジャン＝バティスト・セーは、交通《コミュニケーション》ネットワークが経済的流通を促進させることから、生産を拡大する手段をこのネットワークのなかに見出した。セーの『政治経済学要論』のなかでは、流通と交通は富の生産と同一視され、それと等しいものとされている。セーは言う。「交通の手段は、生産を短縮しながらわれわれの工場の製品を増大させる機械とまったく同様に生産を促進させるものである」。流れ《フロー》に関する一般的表現の要件を満たしつつ、流通モデルは水力学から生理学へ、そして生理学から政治経済学へと移し変えられていった。生理学と政治経済学の間には一切互換性があるわけではないが、ただ両者に共通しているのはどちらも流通と身体――それは複雑な社会を分析する際に合理性のモデルとして役立つ――に準拠しているという点である。政治学の科学的基礎を生理学に置いたのが『ジュネーヴ住民の手紙』だったとすれば、同じ役割を経済学に託したのが『産業』であった。両者で扱われているのは水であり、血液であり、貨幣であるが、どちらの場合もやはり準拠しているのは常に流通である。サン゠シモンが社会的なものをその審級の一つへと還元した——つまり経済現象を決定要因とした——としても、それは社会の全体を改めて検討し、一つの全体から別の全体への移行を滞りなく行うためである。政治的なものを経済の決定に還元することで、サン゠シモンは、国家体内部の貨幣の循環のなかに人体の血液循環に等しいものを見出すことができた。だが生理学は、社会体゠人体というアナロジーを当て込んだ、社会的なものとは無縁の典拠であるのに対して、経済学には社会領域と直結する要素をもつという利点がある。サン゠シモンは、社会の一部（経済的審級）を社会全体（来るべき産業体制）と同一視することができたが、それは彼が部分を全体と同列に置くための手法を手に入れていたからである。つまり、部分は形成途上の全体として定義されるとする種子の理論がそれである。社会をその部分の一つ、つまり経済現象に還元しながら、サン゠シモンはこの部分を将来の体制の種子にしようとする。新たな総体はこの審級から生まれるのだ。来るべき体制は既存の体制のなかにすでに萌芽状態で含まれている。それゆえ未来は現在の一部をなしており、単なるユートピアではありえない。未来とはいわば萌芽状態にある現在なのである。ところで、来るべき体制の種子こそ産業階級である。この階級は社会の一部ではあるが、その全体になろうと望んでいる。「すべては産業によって、すべては産業のために」というスローガンはまさにその表明である。産業階級は未来の産業社会体制をまるごと背負っている。種が芽吹き、「能動的」になるだけで十分である。実際、産業家たちはなおも政治的には「受動的」であり続けているが、現在の体制から未来の体制へと移行するには産業階級のこの受動性を政治的な活動へと変えるだけで十分である。このことを産業家たちには自覚してもらう必要があり、そのためには彼らに政治的行動の手段を提示しなければならない。一八一六年から二三年にかけてサン＝シモンが設定した目標がこれであった。「現代は過渡期にある」。これが政治状況の彼の診断であった。『産業』第二巻で、彼はもう一つの政治体制への移行という問いをめぐる複数の「考察」を展開する。政治的代表制はもはや社会的勢力の現実に対応していないとすれば、革命に訴えることなしに――なぜなら悪しき代表制以上に革命は巨悪だろうから――その方式をどのように変更すべきか？　どうすれば革命なしに改革を行えるか？　サン＝シモンは、この問題を議論するにあたり、「段階的な移行を実施するためのプランを構想できたであろう一人の天才」（Ⅱ・一二五頁）の仕事にそれをなぞらえる。サン＝シモンは、自分のことをもう一つの社会体制へ移動させるエンジニアだと見なした。「最初の考察」以来、サン＝シモンは、議会形式を採る政治的代表制は不十分であると批判していた。だがそれと同時に、平和的な社会的移行を滞りなく行うために、彼は王政の維持も擁護している。

「それゆえイギリスの愛国者たちは、過渡的な意見を作り出し、それを強固にすることに専念しなければならない。さらに彼らは、議会政府を産業体制への必要な移行期間として、そして王政をこの過渡的政府の必要な一要素として見なすことに専念しなければならない」（『産業』Ⅱ・一二二頁）[1]。

社会の移行には、白紙状態は避けて、現行のいくつかの要素はそのまま残しておく必要がある。サン＝

シモンは、政治体制の主要な象徴的要素、つまり国王、特に中継地点としての王の身体は残しておいた。このように王の身体の可視性には手をつけられることはないが、一方でその意味は大きな変化が加えられる。それはもはや神と人間の媒体ではなく、旧体制と新体制のあいだの移行を保証するものとなる。サン＝シモンは、不可欠な象徴的媒体である限りで王の身体を救済し、未来の社会体制へ移行するための組織である限りでそれを再び叙任する。とはいえ、二つの社会体制（封建制／産業体制）の移行期にあって、体制の平和的な変革を実施するには過渡的な政治体制、つまり立憲君主制を維持したほうがよいと、サン＝シモンは指摘する。「多神教から有神論への移行」を論じた「第二考察」では、もう一つの体制への社会的移動に関する自らの理論に正当性を与えるために、彼は歴史に訴える。

「すべての社会体制は哲学体系の応用であり、したがってそれ相応の新しい哲学体系をあらかじめ確立しておかなければ新しい体制を樹立することはできない」（『産業』Ⅱ・一二三頁）。

産業体制へのゆっくりとした移動を滞りなく行うには、まず新しい哲学を打ち立てなければならない。最初の「移行期」、つまり多神教から有神論への移動の時期と違うのは、この移動の当事者たちは自分た

（1）☆研究者のアンリ・フルネルやユバールは、この文章が収められた『産業』第三巻第四分冊の筆者を、第一〜三分冊同様、オーギュスト・コントだとしている。

ちが過渡期を生きているのを知らず、この時期の性質に気づいていないことにある。そこでサン＝シモンは、新たな移行期という意識を醸成し、それを合理的に立案できるように手筈を整えていく。この計画が実現すれば、結果的に社会は変わる。「第三考察」のサン＝シモンの説明によれば、重要な移行は、制度を生み出す観念体系、すなわち社会的紐帯を打ち立てるイデオロギーをめぐるものである。

「道徳的観念の体系全体を改訂しなければならない。それは新しい基礎の上に据えられなければならない。要するに天上の道徳から地上の道徳へと移らなければならない。［…］超自然的観念はほとんどどこでも破棄されてしまった［…］。天国の楽園に入ろうとする希望と地獄に落とされることへの恐怖はもはや人間の行動を規制する役を果たしえなくなった。［…］実証観念の時代は始まっている。われわれはもはや道徳に手を触れて確かめられるはっきりとした、確実な現在の諸利益以外のいかなる根拠も与えることはできない」（『産業』Ⅱ・三七―三八頁）。

このような〔天上と地上の〕転倒において賭けられているのは象徴的なものである。問題は、啓蒙思想とフランス革命からの批判にもかかわらず常に支配的であり続けたキリスト教的モデルを逆転させることにある。想像物と政治的象徴物を構成するのは、もはや超自然的なものでも、地獄／天国のワンセットでもなく、サン＝シモンが過去と未来の合流点として定義する現在である。現在の世界の典拠を天上の彼岸に求める神学的道徳に代えて、サン＝シモンは、人間の身の丈に合った実証モデルを打ち出し、現在の典拠を地上の未来に求めようとする――神的な垂直性の退場。現在と未来の社会的移行が、この世とあの世のキリスト教的媒介に取って代わる。「下界」の人間と「天界」の神という神学モデルが垂直的に組まれているのに対して、サン＝シモンの政治的新モデルは、過去から未来への時間軸に沿って水平的に組み立てられる。実証道徳のなかで目指すべき目的は、もはや天上の楽園ではなく地上の楽園、すなわち自由と産業の体制である。これほどまでに本質的な転倒を行うには、社会改良は創造的な産業的発展によって果たされると考えねばならない。創造はもはや神の御業にその起源があるのではなく、自然を産業的・技術的に制御していく人間のプロセスのうちにある。天上の彼岸に代えて地上の未来を持ってくることで、サン＝シモンはプロメテウスの所業〔天上から火を盗み、泥土から作った人間に与えたこと〕を成就しようとする。この創造的プロセス（産業体制がそれにあたる）を開始するには、あらゆる創造的諸力を組み合わせ、組織すれば十分である。このように目的は決まったが、『産業』のサン＝シモンが提起した最初の問いはまだ残されている。つまり、どうすれば現在の体制から未来の体制へと平和裏にゆっくりと滞りなく移行できるのか？　だがまったく単純にも、その答えは予算を採決する下院議会の構成を変えること、すなわち産業家だけしか指名しなければそれで事足りる。議会の代表制のあり方をほんのわずかでも変えれば、このような大きな変動をもたらすことができる。なぜなら「予算案は全般的な法案であり、その他あらゆる法案がそこに由来し、依拠せねばならならぬものだからである」（Ⅱ・九三頁）。サン＝シモンは、自らの政治論理の要石である予算案の優越に正当性を与えるために、『覚書』（一八一三年）で組み上げた組織の理論に改めて訴えていく。ここで打ち出されるのが、彼の政治学の主要な象徴的イメージ、つまり「血液＝貨幣」の循環というイメージである。

「あらゆる法律で最も重要な法律は疑いなく予算を決める法律である。なぜなら現金は政治体にとって人体にとっての血液のようなものだからである。血液が循環しなくなれば、すべての身体部分は衰弱し、やがて動かなくなる。それと同様に現金収入がなくなればすべての行政的機能はたちまち停止する」（『産業』Ⅱ・九三頁）。

血液＝貨幣の循環の無媒介性を確立するとは、つまりは人体のように社会体を組織するということである。社会関係の生理学モデルは、政治経済学のアプローチを補完する。なぜなら、どちらにも流れを循環させるという明確な至上命題があるからである。サン＝シモンが用いる身体と社会体のアナロジーは、十八世紀の半ばから文学ではそれほど珍しいものではなく、血流と貨幣の流通を同一視するのは、フランソワ・ケネー以来、大半の経済学者たちに繰り返し見られたテーマであった。だがこうしたアナロジーはありふれたものだったとはいえ、サン＝シモンの学問的な貢献は、この流通をネットワーク（それが血液であれ、国家であれ）のなかで、生命の条件ないし良き行政の条件——すなわち社会を変革するために働きかけるべき「最も弱い鎖の環《マイヨン・フェブル》」——として定義づけたことにある。それゆえ産業体制への移行は、国家体内部で貨幣を廻すための通行を解放することに尽きる。この通行を組織すること、これこそ『政治家』の目的である。

Ⅲ 『政治家』

「十九世紀の人間に相応しい政治学試論」をサブタイトルにもつこの著作は、一八一九年の前半に刊行された一連の論文からなっており、四月に出された有名な二本の論文を含んでいる。一本目のタイトルは「反国民党と比較した国民党ないし産業党」というもの、もう一本は「蜜蜂とモンスズメバチの喧嘩――生産者と非生産的消費者の各状態について」というタイトルがつけられた短論文である。

最初の論文で、サン=シモンは、国民党ないし産業党と反国民党という「二つの党派の政治能力」を比較している。彼は、社会的移行はゆっくりと進行中であるという自分の推論を要約した文字通りの三段論法を打ち出していく。

「政府のあずかる諸権力のうち最も大きく重要なものは市民に課税する権力である。この権限から政府の所有する一切の権限が生じる。それゆえ今日政治科学が何を差し置いてもすべきことは良い予算を作成することである。ところで良い予算を作成するのに必要な能力は管理能力である。ここから管理能力は政治における第一の能力であるという結論が得られる」(『政治家』Ⅱ・二〇一頁)。

その後の大半のテクストでサン＝シモンは、手をかえ品をかえ何度もこの三段論法を焼き直していくが、そこで用いられる「行政能力」という言葉は、資質と容器という《capacité》のもつ二つの意味で使われている。「静電容量《キャパシテ》」における通電のように行政は資質であり、かつ制度である。つまり一方で健全な運営によって貨幣流通を管理・促進する資質、他方でこの流通を滞りなく行う容器、つまり予算を通過させる国家装置がそれである。国家は、血液＝貨幣の循環が最終的に通過していく場となる。この場で政治権力と行政能力の逆転が行われる。まさしく社会体の血液にあたる予算は、政治が行政管理に転換し、また逆に行政管理が政治に転換する中間項として割り当てられる。政治権力は行政能力に還元され、行政管理は、社会の組織＝ネットワークとして、貨幣流通を自分の体にしっかりと定着させる。この同じ制度——すなわち国家装置——は、権力と実力の行使の場（封建体制）となることもあれば、貨幣流通の場、行政管理の場（産業体制）となることもある。国家装置は、それが経済循環の避けようのない通行の場——つまり貨幣の流通やその変更の最終地点——である限りで両義的である。それゆえ社会体制の大変革は、権力（それは力の現れと見なされる）と能力（それは運営の資質と理解される）のあいだの国家内部のわずかな移動によって果たされるのである。主権と政治的統治から経済的・産業的流通へと典拠を移動させるには、通貨の流通に少し変更を加えれば十分である。経済学者たち、特に重農主義者たちが水流から商業とコミュニケーションに向かったとすれば、モンテスキューやチュルゴーの「象徴政治学」(2)が政治秩序を言い表すために使ったのが水力学である。こうした別のものへの参照のおかげで、経済学と政治学は一つの同じモデル、つまり水の運動モデルを共有する。経済学が水のイメージを使って商業と富の流通（循環運動）を描き、政治学も同じイメージを使って国家の秩序（流出運動）を素描する。つまりそれぞれネットワークとピラミッドの形がそれにあたる。

そういうわけでサン＝シモンは、水力学を引き継いだイメージを操りながら、それに経済的流通を意味させることもあれば、政治的主権を意味させたりもした。サン＝シモンの政治経済学は、水が流れやすくなるように傾斜を整える水力技師が行うように、国家装置内の財政の流れのあり方を変更することによって、封建制のピラミッドから産業的循環への移行を実現しようとする。政治学の理論家サン＝シモンは、かつての軍人＝エンジニアの経験から得た知識のすべてを総動員するのだ。

一八一九年、サン＝シモンは、『覚書』（一八一三年）の段階で得たモデルとははっきり異なる、社会的移行の象徴モデルのいわば第二版を手に入れる。「組織者＝ネットワーク」の原モデル、つまり国家内の移動として予算案によって行われる社会的移行のモデルは水平的であり、過去から未来へ、そして人間の支配から人間の協同《アソシアシオン》へと方向づけられる。もし血液＝貨幣の流れが国家体の途中で歪められているのなら、そこは封建制がはびこり、「モンスズメバチ」の支配下にある。もし血液＝貨幣が国家体のなかを縦横に流れているのなら、その場合は、人々はすでに「蜜蜂」が支配する産業体制のなかにいる。ここには「蜜蜂とモンスズメバチの喧嘩」という有名な論文のテーマのすべてがある。『政治家』の一部をなすこの論文には、「生産者と非生産的消費者の各状態について」という副題がついており、蜜蜂がせっせと作る

（2）☆politique imagière はリュシアン・スフェーズの言葉。本書九九頁注（3）を参照。

蜂蜜をモンスズメバチがくすねることを意味している。

「統治技術は〔…〕この世で最も単純かつ容易な事柄となった。統治技術は蜜蜂から徴収した蜜の大部分を最も熱心かつ忠実に政府の目的に奉仕する二大階級のモンスズメバチの連中に与えることに帰着するからである」（「喧嘩」Ⅱ・二二四―二二五頁）。

蜂蜜は貨幣を、蜜蜂は産業家を、モンスズメバチは二つの貴族階級を、それぞれ表している。二つの貴族とは旧体制に出自を持つ貴族と「新貴族である。つまり革命期に役した軍人と、ボナパルトが創設した巨大な行政機構で彼が雇った人たちである」（Ⅱ・二二三頁）。彼らは「統治者たちが毎年被治者たちから分捕ってきた獲物を兄弟よろしく全員で」分け合う「国民の蛭」（Ⅱ・二二四頁）である。王政復古とともに、新しい予算の執行が行われた。はじめて議会は、王政復古期に総額十億フランに達する国家予算を可決した。サン＝シモンは非生産的消費者に益する公共支出のこの増額に敏感に反応した。サン＝シモンの試算によれば、官僚制〔の出費〕はまるまるこの総額の半分にあたる余分な予算額に相当する。貨幣流通と裏表の関係にあるこの税制問題の上に、「喧嘩」論文のもろもろのイメージはその配置が整えられている。結局のところ政府とは、労働によって得ようとはしないもの、つまり「獲物」と呼ばれる貨幣を実力行使や策略によって獲得する一つの手段ということになる。政治は統治することだと解するなら、それは最強者の法による富裕化として定義される。貨幣を得るには二つの方法しかない。つまり、征服して策を弄するか（政治の術）、あるいは生産して働くか（経済の術）である。貨幣の獲得のやり方に応じて、政治を経済から区別することが可能となる。政治の場合、それは「悪」貨であり、盗品であり、寄生虫であり、力と無為によって得られた貨幣である。経済の場合、それは労働によって、さらには節約として解される倹約《エコノミー》によって得られた「良」貨である。経済は貨幣の流通であり、政治はこの流通の攪乱である。実際、蜜蜂とモンスズメバチ、政治と経済のあいだに境界線を引くものこそ労働である。労働の優越を説くことによって、サン＝シモンの問題関心は移動していく。つまり、もっぱら政治社会的だった指向から離れて、人間と自然、あるいはサン＝シモン的な言葉でいえば「人とモノ《ショーズ》」の関係を強調しはじめる。サン＝シモンは、『ジュネーヴ住民の手紙』の図式を再び取り上げ、それをもはや知識ではなく労働と一切の生産活動に適用する。統治は労働に対立するものとして打ち出される。統治することは、労働の組織《エコノミー》を追求することとなる。政府は統治を滞りなく行おうとして貨幣と知識の流れを歪めている。統治の業務は人間から自然へと場を移動すると同時に、「統治」から「管理」へと姿を変える。サン＝シモンは、政治的統治を産業的管理にとって代える。労働は、統治支配と対極にあるので、その後のテクストでは、征服とも対極に位置づけられている。なぜなら「個人にとっても国民にとっても、実際には征服か労働かという二つの活動目的しかないからである」（Ⅲ・一三頁）。サン＝シモンは、悪しき政治的代表制（下院は産業家をほとんど代表していないから）と統治者に益する一部の富の回り道のあいだには密接な関係があることを強調する。政治的代表制は機能しない、というのも流通が滞るからである。ところで、貨幣はその性質からして記号をモノへと転換し、モノを記号へと転換する。血液＝貨幣は、流通の美しさや効果に価値を見出すだけでなく、政治を記号（その本質が経済である）の地位に押し込んで象徴的なイメージとして機能する。「モノ」の側には生産、そして記号の側には政治的代表制があり、貨幣は両者の仲介役となる。「喧嘩」論文の構図は、蜜蜂が経済を、モンスズメバチが政治をそれぞれ表現しているという単なる比喩遊びには還元できない。記号とモノ、記号と本質を区別して、貨幣＝蜂蜜を象徴的なイメージとして見なせば、この構図は充実したものとなる。貨幣は、それが循環して生産者のもとに戻ってくれば「良いもの」となり、政府がそれを迂回させて、つかまえて放されなければ「悪いもの」となる。結局のところ、産業家たちが国王に「陛下、われわれは蜜蜂です、モンスズメバチを追い払ってはくれませんかと、ごく簡潔な言葉で請願する」（Ⅱ・二二七頁）だけで十分であろう。やり方は簡単だ。予算の議決を産業家に託せばよい。これほど簡単なことを産業家が国王に上奏しようとしない理由をサン＝シモンは自問する。なぜ彼らは相変わらず政治的に「受け身」なのか？　なぜなら、数や力の面では優っているにもかかわらず、一つには「彼らに適した政治体制の明確な考え」（Ⅱ・二三三頁）が彼らに欠けており、そしてもう一つには「彼らが組織されていない」からである。「組織がない」というのは、つまり彼らに「知識」も「やる気」も計画も、貴族のように組織された党派もないということだ。サン＝シモンは、政治体制が一科学の応用である限り、自らが政治活動の二つの手段、つまり計画と政党を「組織する者」たろうと欲するのである。

Ⅳ 『組織者』

一八一九年十一月から翌年二月まで、これもまた一連の分冊形式で発行された『組織者』の最初の抜粋には、十頁ほどの有名な「サン＝シモンの寓話」が含まれていた。このテクストのタイトルは、オーランド・ロドリーグが一八三二年にこれを刊行した時につけたものである。この「寓話」の目的は、社会はあべこべだということ、被治者と統治者、被支配者と支配者、産業家と貴族の関係は転倒していることを、推測から「一瞥で」わからせることにある。「喧嘩」から「寓話」へと続く一八一九年から二〇年のあいだに、サン＝シモンはイメージをさらに膨らませ、自分の議論をわかりやすくするために、政治をヴィジュアル化させる。自分の教説を普及させるために、彼は政治に演出を施すのだ。「寓話」は、二つの想定の結果を突き合わせる。まず一つ目は「天才」が三千人いなくなるという想定。彼らは「フランスの第一級の学者、芸術家、工芸家」、つまり一七五〇人の工芸家、六百人の農業者、二百人の商人、そして四五〇人の学者と芸術家がそれにあたり、彼らこそ「本当の社会の花形」にしてその「頭脳」である。彼らがいなければ、「国民は魂のない体となるであろう」（Ⅱ・一九—二〇頁）。そしてもう一つは、国家と聖職団の指導者三万人が消失するという想定。つまり若干の大貴族、王権の大官吏、大臣、国務院参事、調査官、元帥、枢機卿、大司教、副司教、参事会員、知事、副知事、大臣職員、判事、そして最も裕福なプロレタリア一万人がそれにあたる。ところで、彼らを失っても、「国家にとってなんら政治的悪影響を及ぼすことはない」(Ⅱ・二一頁)。「寓話」によれば、国家とは、その装置とか権力とか、人の目に映るような場所にではなく別のところにある。それは、経済的な富を生産する人々の目には見えない力のなかにある。国家権力と国家装置は、生産の中にその魂と精神を宿す一つの身体にほかならない。サン＝シモンが用いた消失といううまいやり方は、目に映らないものを映し出す、写真技術でいうところの現像液として役立つ。

「このように想定すれば、現在の政治の最も重要な事実がはっきりとする。そうすることで、この事実は、それをその広がりの中で、たった一瞥で発見できる観点のもとに置かれるからである。[…]このような想定から見えてくるのは、現在の社会がまったく逆転した世界だということである」(『組織者』Ⅱ・二三―二四頁)。

鋭い観察眼を持って見るには、まず真理を曇らせているものを一掃する必要がある。記号と事物《モノ》は転倒しているのであるから、現実的なものを取り戻し、社会が転倒していることを「見る」には、記号と事物の転倒を立て直さなければならない。転倒をもう一度転倒させれば、現実認識を立て直すことに等しくなる。だが、認識と自覚にとって必要なこの転倒は、行動に適用されてはならない。正しい場所に社会を戻したいなら、常に変わることのない構造の中に地位を確保しながら、人間を単に別の人間に置き換えるような革命は行うべきではない。むしろ「一つの体制に代わるような体制が必要なのである」(Ⅱ・六頁)。

一七八九年の大革命は、ある人間たちを別の人間たちに単にすげ替えただけであり、政治と生産、政治的表象〔代表制〕の記号と富の生産の本質のあいだの根本的な転倒に影響を与えなかった。革命が交代させたのは「人間」にすぎず、「原理」ではなかった。だから革命は未完にとどまったのだ。政治における幻想とは、目に映るものだけに基づいて行動することにある。たとえば、人間たちの交代がそれである。サン＝シモンが「人」と「モノ」のあいだに立てた主要な区別は、記号（つまり政府の形態）と「モノ」（つまり体制の基本原理）のこの転倒に依拠している。この区別は、のちにフリードリヒ・エンゲルスによって焼き直される、アンファンタンの次の有名な定式の由来となる。

「問題は、モノを管理することだけでなく、人間――すなわち気難しく、途方もない、聖なる作品――を統治することにある」（「政治的・社会的経済学」『グローブ』一八三一年七月）。

サン＝シモンは、対象とその認識を一様に表すために同じ言葉を使う。たとえば「モノ《ショーズ》」という言葉は、「一つの体制の基本原理」であると同時に、現実も性質も意味している。「モノ」を「原理」と同一視するのは体制の認識に基づいているのに対して（モノvs記号）、「モノ」という言葉は、行動が問題となる場合に「自然」と同一視される（モノvs人間）。政治的代表制を根底から批判するために、彼は生産と政治経済学に依拠する。政治学の実相は政治経済学にある。本当の政治権力は予算の議決権にあるからである。真の社会的変革は、予算の議決権、「至高の政治権力」の授与権を産業者に託すことにあるのだ。なぜなら「政府は貨幣がなければ何もできない」（Ⅱ・五〇頁、脚注）からである。実際、サン＝シモンは、下院議会で産業者が与党となって政治的代表制を刷新するという計画と、予算の直接的な流通を樹立して代表制を批判する自分の思惑を組み合わせている。健全な政治的代表制によって、この流通の直接性は保証されるが、この事実によって代表制はおのずと徐々に無力化していき、経済に益することとなる。とはいえ、代表制とコミュニケーションはまったく相いれないわけではない。したがってサン＝シモンは、有機的に結ばれた三つの委員会をそれぞれコミュニケーション・モデルに基づかせる代表制の計画を開陳する。予算を議決する産業家たちからなる「新議会」の異名を持つコミューンの下院議会は、三つの委員会によって構成される。すなわち、まずは計画を発案する「発明委員会」、次にその計画を吟味する「検証委員会」、最後にそれを採択する「実施委員会」である。さらに三百人からなる「発明委員会」は三つの部会に再分割される。第一部会は二百人の市民のエンジニアを、第二部会は五十人の詩人ないし「そのほかの文芸クリエーター」を、そして第三部会は二十五人の画家、十五人の彫刻家ないし建築家、そして十人の音楽家をそれぞれ擁する。エンジニアの比重に多くが割かれているのは、この委員会が二種類の計画を請け負っているためである。一つは、「干拓、開墾、道路の開通、運河の開設」（Ⅱ・五一頁）といった公共事業の計画である。もう一つは、「公共祭典」の計画である。この祭典には未来の公共事業計画を提示する「希望」の祭典と呼ばれるものと、記憶を残すためのものがある。この発明委員会の役割は、輸送とコミュニケーションのネットワークの構築、およびそれらの社会的活用に応じて配置される。エンジニアたちはその技術責任者であり、芸術家たちはその社会的な責任者である。その目的は、こうしたネットワークとその実現を通じて「国富」をもたらすことにある。三百人の学者、物理学者、数学者、生理学者で構成される「検証委員会」もまた三つの役割を担っている。まず発明委員会の計画をすべて検討し、次に「全般的な公教育計画」を打ち出し、最後に公共祭典の計画を立てる。つまりこの委員会は知識のコミュニケーションの委員会である。学者が運営するこの委員会は、公立学校も受け持つことになる。産業の各部門の代表からなる「実施委員会」に関しては、それは「決定した計画をすべて実行に移す役目を担うことになる。この委員会だけが税制を決め、徴税の役目を担うことになる」(Ⅱ・五八頁)。それゆえこの委員会は予算の管理を通じた、貨幣流通に責任を持つことになる。輸送ネットワークを介した人間と商品のコミュニケーション、知識のコミュニケーション、そして貨幣の流通を受け持つこれら三つの委員会は、人間と商品、知識と貨幣といった社会のそれぞれの流れを循環させるように組織し、公共祭典を通じてこのコミュニケーションを普及させてしっかりと安定させなければならない。議会の三つの委員会のそれぞれに指針を与えるために、サン＝シモンは三つのコミュニケーション・モデルを利用する。第一のモデルは、輸送それ自体のネットワークである。第二のモデルは、知識の流通と拡散の場としての学校、特に理工科学校である。理工科学校は「これまで組織されたなかで最高レベルの教育施設」(Ⅱ・二〇三頁)だからである。そして第三のモデルは、貨幣の流通の中心部にして経済運営の模範たるフランス銀行である。新しい産業議会の各「委員会」を諮問機関とすることによって、サン＝シモンはテクノクラート的権力をはっきりと打ち出していく。産業的テクノクラシーが旧体制の官僚主義にとって代わるのだ。土木局のエンジニア、理工科学校生、フランス銀行の理事によるこの権力奪取は、社会組織のコミュニケーションと流通を約束するものと見なされる。「悪しき」政治的代表制に代わるものにして、それを救うものこそ、コミュニケーションの流れを技術的に統括する人々による権力である。しかし、この権力は、それ自体が目的というよりも、社会体制の変革を引き起こす一つの梃として考えられている。サン＝シモンは、エリートたちを動員して社会のグローバルな転換を促すことを模索する。このように議会を改革することが社会を改良するのに最も容易な移行の手段であり、かつ体制の移行にとっての「最も弱い鎖の環《マイヨン・フェブル》」であることを証明するために、彼が依拠するのが社会変革の歴史である。現在が過去と未来の合流点であるのと同じように、「社会の現在の状態は、古びた体制と熟した体制が併存している状態である」（Ⅱ・一六五頁）。現代は二つの社会体制が重なり合っている時代なのだ。つまり、目の前にあってなおも支配的だが歴史的には役割を終えた封建体制と、支配されてはいるが歴史的には機が熟したまだ見ぬ産業体制がそれである。サン＝シモンにとって、現在はなおもこの二つの体制が重なり合っている。そのようなわけで、こうした情勢をごく簡単な観察だけで済ましてしまうことが混乱を招く原因となっているとすれば、まずはこの二つの体制が現在のなかで併存し、緊張関係にあるということを見極める術を持たなければならない。これまでの歴史は、目の前の没落しつつある体制とまだ見ぬ安定した体制という二つの体制が常に併存してきたものにほかならない。古い社会秩序のなかで知られている体制は一つしかない。多神教が支配していたギリシア・ローマの世界がそれである。封建制が近代世界のなかで確立されるにつれて一つの革命が成就されるが、その革命の幕をこの体制の内部で切って落としたのは、ソクラテスであった。新しい社会秩序のなかにも、表に現れている封建体制とまだ隠れている産業体制が併存している。新しい体制の組織が「芽生え」始めたのは、アラビア人がヨーロッパにいくつかの科学を導入した八世紀と、コミューンの解放が始まった十一世紀であった。この二つの体制が公然と争い始めたのは、思想面では宗教改革まで、政治面ではフランス革命にまでさかのぼる。それゆえ歴史のなかには、三つの社会体制が相次いで現れることになった。つまり過去に存在したギリシア・ローマの社会、次に今日支配している封建体制、そして近い将来存在するであろう産業社会である。最初の体制は多神教に、第二の体制は一神教神学に、そして第三の体制は科学にそれぞれ基づいている。最初の二つの体制は、軍人の支配と力に基づいて組織されるが、第三の体制は産業者の能力に基づいて組織される。サン＝シモンが打ち出した近代史の時代区分から、彼が思考している今の時代をサン＝シモンがどのように表しているのかがわかる。すなわち過渡期である。具体的には「封建的＝軍事的」体制と「産業的＝科学的」体制の二大社会体制を架橋する「形而上学的」と称される体制にそれはまとめられる。目の前にある優勢な体制がすでに完成を見た封建体制であるとすれば、まだ日の目を見ない劣勢の体制が産業体制であり、それは自らを実現しようと密かに動き出している。一八〇〇年ごろを境にこの過渡期はそこに「留まる」ことなく「通過して」いかねばならず、いま求められているのはすぐにでも社会のこの移行をスムーズに行うことである。そうなれば、産業者たちの世俗の権力と学者たちの精神的な権力が再び手を組む実証の時代が幕を開けるであろう。サン＝シモンがどのような歴史区分を行おうとも、彼のアプローチには変わることのないいくつかの特徴がある。第一の特徴は「文明の歩み」、つまり歴史における合理性と進歩の法則の存在である。観察から導かれる将来の発展は、どこにもユートピア的なところはなく、いまは劣勢にある体制の萌芽をそのまま成長させたものにすぎない。第二の特徴は、どの社会体制にも「精神的権力」と「世俗的権力」が共存している点である。この二つの権力が合致しない場合、それは体制変革の引き金となる。最後の特徴は、優勢かつ可視の体制と劣勢かつ不可視の体制という、競合する二つの社会体制がどの時期にも併存している点である。各局面はどれも橋渡しと移行の時期にすぎず、それを特徴づける二つの体制の対立関係を表している。危機の時代は、一方の体制のもう一方に対する支配関係に変革が起こっていることの表れである。サン＝シモンが経験した危機的移行は最も深刻なものであった。なぜならそれは、唯一の社会体制、つまり産業主義に席を譲るために、二つの社会体制の争いに終わりを告げるものだからである。このようなサン＝シモンの歴史の展望からすれば、ユートピアの神話と現実の「真理」の神話という二つの神話は脱構築され、現実の秩序と見かけの秩序は立場が入れ替わる。ユートピアと幻想は人が考えるような場所、つまり未来にあるのではなく、目の前にあるもの、つまり現在の優越的体制のなかに胚胎している。なぜなら実相は劣勢の体制のなかに隠れているからだ。サン＝シモンの歴史理論は、その政治学と同様、幻想的な性格を持っているのは現在のほうであって未来は決してユートピア的な性格ではないと説くことで、記号と事物を逆転させるのである。実際、目の前にある現在の体制、つまり封建体制は賞味期限切れであるのに対して、この眼前の体制の「背後」ですでに姿を現している体制のほうこそ社会の実相である。ある体制の背後にはもう一つ別の体制が隠れているのだ。記号の側には可視の社会があり、事物の側には不可視の社会がある。各局面は、現在のなかに過去と未来――つまり目に見える優勢な体制とまだ見ぬ劣勢の体制――が同時にからまり合っていることを表している。それは二つの社会体制の交差であり、融合である。それゆえこのもつれをほどくことが政治学の目的となる。この政治学のおかげで、記号と事物を逆転させるモノの見方を手に入れることができる。現在の社会の実相とは未来の体制にほかならず、目に見える体制の実相とはまだ見ぬ体制にほかならない。産業体制はすでに萌芽状態でそこにある。「もし誰もまだそれに気づいていないとすれば、それはなおも残存する古い社会的建造物の背面に隠されているからである」（Ⅱ・一八〇頁）。本当の政治は、それが姿を見せている場所、たとえば封建的・軍事的体制のむき出しの権力や人々を支配することのなかではなく、むしろ産業者たちの表には出ない能力や生産活動、そして自然への働きかけのなかにある。政治の本義は、現実を逆転させる記号と幻想を造り出すことにある。そのようなわけで政治の実相は、表に見える政治が作りだす記号の転倒によって隠されているのである。政治学の仕事は、現実の転倒を再び転倒させてその認識を立て直すことにある。「一つの社会体制は事実であるか、または無である」（Ⅱ・一七九―一八〇頁）。歴史の目的論的な展望と、それに必然的に見合った進歩の哲学のおかげで、サン＝シモンは十九世紀初頭の独特なユートピア思想を脱神秘化することに一役買ったのである。

それぞれの社会的な総体は、それを修正し、新しい総体と交代させようとする部分をそれ自体に宿している。なぜなら一つの社会体制はそれよりも優れた社会体制によってしか代替されえないからである。各社会体制には、その後釜に座る体制が種子として存在している。この種子の能力が権力へと転換することによって、はじめて新しい総体へと種子が滞りなく成長し、伸長していくことができる。サン＝シモンは、自身の政治学でも引き続き、同時に容器にして資質という有意義な言葉である《capacité》を活用していくが、ここではこの言葉を権力（pouvoir）に対置させている。「私が主張したいのは、新しい権力は古い二つの権力〔精神的権力と世俗的権力〕のそれぞれの傍らで立ち上がってくるのではなく、一つの権力の傍らで一つの能力（capacité）が立ち上がってくるということである」（Ⅱ・八六頁）。ここではcapacitéは、産業者の資質、つまりまだ見ぬ劣勢の体制の資質と同一視され、目に見える優勢な体制の封建的・軍事的権力に対置されている。産業者たちが優勢となるためには、自分たちの能力を力へと変えて、今度は自分たちが権力となることを目指して統治者たちの力にそれを対抗させなければならない。だがサン＝シモンは、«capacité»という言葉の用法をさらに遠くまで押し広げていく。二つの権力はどこまでも対峙しあうのに対して、二つの能力はどこまでも互いに協力し合う。ところでこの二つの能力が結びつけば、各人がその「能力」に応じて自らの持ち場が与えられる分業を通じて、アソシアシオン、すなわち一つの平等な社会が可能となる。このようにサン＝シモンは、人間への支配から事物への働きかけへと移行することによって全体的な組織が改善されていくような、そうした複数の社会体制が重なり合うものとして、歴史を読み直していくのである。社会が目指すのは、自然に対して働きかける協力者たちの巨大な仕事場となることである。

「旧体制において、民衆はそのリーダーたちの配下に加えられた。新体制では、民衆は彼らと結ばれる。かつてはリーダーの側に指揮権があったが、もはや産業のリーダーの側には監督権しかない。旧体制では、民衆は家臣であったが、新体制では民衆は仲間となる。これこそまさしく産業的結合の賞賛すべき性格である。それに協力しているすべての人間が実際にすべて協力者であり、出資者だからである」(『組織者』Ⅱ・一五〇頁)。

このように諸能力が結合することによって、社会は一つのアソシアシオン、つまりヒエラルキーが消滅し、万人が自然に対する協働を通じて対等となる巨大な仕事場として見なされることになる。サン＝シモンの産業主義に繰り返し現れるこのテーマは、社会と企業の同一視によって、その頂点に達する。サン＝シモンは、政略と実力行使、そして人間による人間の支配に基づく権力の国家モデルに対して、生産のためにあらゆる力を結集させるアソシアシオンと分業の企業家モデルを対置させるのである。

V 『産業体制論』

サン＝シモンは、社会変革の理論固めで満足することなく、それを実現する具体的な手段を模索する。そのために移行を可能とするあらゆる手立ての探究に充てられたのが、彼の著作『産業体制論』(第一部と第二部が一八二一年、第三部が一八二二年)である。この著作は、社会的移行という変わることのないテーマの変奏をまるで一式取り揃えたかのような作品となっている。彼は、国王と産業者の同盟、産業党の創設、イデオロギーの精錬、産業者による貴族の権力の買収、さらには産業宗教や国王による一時的独裁――これは社会的過渡期というマルクスの「プロレタリア独裁」を予示している――さえも、次から次へと俎上に載せていく。この著作はサン＝シモンの政治哲学の仕事の変化を告げている。彼は七年間にわたりこの仕事に取り組んできたが、もっと直接的に実践的・イデオロギー的な関心、すなわち自分の理論の普及とその映像化《イメージ》へと向かうからである。サン＝シモンは、一方で産業者たちのために封建体制から離脱する具体的な手段を、他方で自分の理論を広める手段を開陳している。

「私が提案している社会組織に施すべき変革は、〔…〕政治的に可能な限り最大のものである。なぜならこの変革は、まったく相いれない諸原理に立脚している別の体制への移行にあるからである」（『組織者』Ⅱ・七七頁）。

ここでもやはりサン＝シモンは、自分の追求してきた社会的転換を実行に移すために、もろもろの手段を具体化する実践的関心に突き動かされている。この移行をスムーズに行うには中間段階がどうしても必要となる。だがこの中間段階が〔封建体制を〕乗り越え、今度は自分が乗り越えられていく代わりに、そこに居座り、制度として硬直化するならば、拒絶反応が起こりうる。これこそフランス革命が起こしたことであった。この革命によって形而上学者と法曹家が権力の座に就き、産業体制への前進が一切阻まれたからである。『産業』のサン＝シモンは「過渡的体制」について語り、社会的移行を滞りなく行うために王権とコミューンの妥協を目指していたのに対し、『産業体制論』の彼は過渡的な体制が居座ってしまったことを確認する。過渡期の本質は動きにあるのに、それに反して永遠の状態となってしまった。移行が場所となり、流れが凝固した。この過渡的体制は、精神的権力の観点では形而上学者による支配と、世俗的権力の観点では法曹家による支配を組み合わせている。形而上学は神学から科学へと架橋し、法曹家は軍人から産業家へと架橋する。ここにあるのは、オーギュスト・コントのものとされる「三状態の法則」のかなり明確なプレ・モデルである。体制と化した移行期は、悪しき移行期である。なぜなら、それは凝固化し、ある体制をまた別の体制へと「移行させる」という本来の役割を越えて生き長らえているからである。このようなわけでサン＝シモンは、「健全な」移行、つまり予算の編成者である産業家と王権のあいだの同盟への移行を、「不健全な」移行、つまり一つの体制へと姿を変えてしまう移行に対置させる。ただサン＝シモンは正確にはこう言っている。「私は抽象的にそれを過渡的・他律的体制と呼ぶ」（Ⅲ・七頁）、なぜならそれは「一時的に存続している」体制であり、「変更可能にして他律的なものにすぎず、決して組織的なものではない」（Ⅲ・九―一〇頁）からである。この移行に必要だった中間段階はフランス革命以来、無用にも生き長らえ、「もろもろの政治思想を錯綜状態にした主たる原因」（Ⅲ・一九頁）となっている。サン＝シモンの明言によれば、この過渡期は単に通り過ぎるべきもの、つまり通過点にすぎず、凝固しようものなら間違いなく流通と行通が妨げられてしまう。社会的移行は、それが社会的な流れを滞りなく循環させられれば、実効性を得られるが、もしそれが「不健全」であるなら、体制となってうっ血することになる。移行が行われるには、この矛盾と緊張関係が常に作動し続けなければならない。「健全な」移行とは、旧体制《アンシャン・レジーム》から継続して象徴的な役割をもつ国王（だがそれはもはや神の恩寵に基づきえない）と、予算の決議権を持つ主要な政治的権力を必然的に獲得する産業家が同盟することである。結局のところ、「不健全な」移行が旧社会体制を延命させて政治状況を混乱に陥れるのに対して、「健全な」移行とは、旧体制の象徴的な力と新体制の経済力の協力によって、ある体制がもう一つ別の体制へと移動することなのである。象徴的なものと経済的なものが融合することによって、もう一度政治の実相が明らかにされる。移動の経路を解放するには、産業者たちは「たった一時でも無駄にすることなく、政治的活動に入っていかなければならず」（Ⅲ・五七頁）、そのためには彼ら自身の政治党派、つまり産業党を作らなければならない。政党とは、彼らがその実力を自覚したことの表れである。これによって、「自立的能力《キャパシテ》」は一つの権力となる実力を身につけることができる。サン＝シモンが『組織者』と比べて一つの新しい具体的仲介〔政党〕を移行のプロセスのなかに導入するのも、彼が常に「簡便で素早い実施」の手段を模索しているがためである。このように徐々に鮮明で具体的になっていく諸要素からなる«capacité《キャパシテ》»の概念を起点として、移行は展開していく。権力を追求するには、政党によって能力を実力へと転換させる必要があるのである。

もし産業者が政治的なアクターとなり、とりわけ予算編成権を産業者に託す法令を彼が手を組んだ国王から受け取ることを目的に一つの政党を作ることができれば、新社会体制への移行が始まるだろう。社会体制の変更は、結局のところ国家内部の統治者―被治者関係の変更へと至ることになる。そうなれば産業者は、産業体制を構築するために権力を掌握し、奪取することができる。彼らは、数の面でも、財力の面でも、知性の面でも、組織と行政の面でも最強だからである。社会はあべこべになっており、政治の実相は政治経済学にあり、目に見える封建体制の実相はまだ見ぬ産業体制にある。これと同様に、国家においてもサン＝シモンは、国家権力（政府）と国家装置（行政）の関係を逆転させる。真の政治権力はその見かけとは逆に行政、つまり国庫収入の管理にあるのはもちろん、政府はほぼ用なしとなる。政府の業務は学校や代理公使の監督一般に還元される。仲介、つまり徴税を最小限に留めて生産から生産へと経済的な流れを循環させ、その環を「結び合わせる」には、政府は端役にまわらねばならない。なぜなら「あらゆる政治的利点のなかで最大の利点は、できる限り支配されず、できるだけ最良の市場に委ねること」（Ⅵ・五二一頁）だからである。それゆえ、生産に不要なあらゆる支出を取り除かなければならない。まずは貴族への恩給をその手始めとして、「常備軍の撤廃とその最終的解散」を行う必要がある。「常備軍の撤廃は公共支出のうちで実行可能な最大の節約をもたらすであろう」（Ⅵ・四八二頁）。この元士官の知的・政治的遍歴のラディカルさを示すこの提案は、アナーキズム思想の主な施策の一つを表明している。国家内部における政府―行政関係の逆転は、実証政治が実現する記号とモノの必然的逆転に対応している。国家が本質的に経済と政治、決断と実行、政府と行政を交換する場となれば、社会変革に必要な両者の関係の逆転はそれだけ容易になる。もし政治の特性が「逆転の効果」を生み出すことにあるのなら、再び政治を自立させるには、転倒を逆転させることほど容易かつ必要なことはない。それゆえ、行政能力こそ第一の政治権力となる。社会体制を国家の活動に結びつけることを最終的に可能とする政治の領域で、新しい対応関係が確立される。つまり封建体制には統治者の個別利益に役立つ政治による人間の支配という行政機能が対応したのに対し、産業体制には一般的利益の仕事のなかに具現される経済による自然の支配という行政機能が対応することになる。『組織者』で素描された国家内変革の問題関心を敷衍しながら、サン＝シモンが考察するところによれば、国家は政府と行政の二つの側面をもち、大変革を引き起こすにはちょっとした国家内部の移動だけで十分なのである。体制がもう一つの体制へと大きく変わるには、国家というヤヌスの二つの顔の一方を無化すればよい。そうすれば国家は主要な規制の役割を企業に譲るであろう。国家内部の移動によって体制はもう一つの体制へと「通過」し、社会的規制の役割は工場《マニュファクチャー》へと移される。支配から指導へ、統治から管理へ、さらには封建的官僚制から産業的民主制へ――。要するにそれは国家的集権制から企業集権制へという国家内部で行われる移動なのである。国家による支配から企業による管理へ。まさしく産業主義へと移行する特徴的な動きがこれである。特に分業に代表される企業組織によって、各人はその仕事と能力に応じて自らの持ち場が配置される。

「新しい社会体制にあっては、主たる措置は社会のすべての成員の生活を物質的にも精神的にも改善するために社会の行うべき仕事の計画をはっきりと定め、できるだけ懸命に考案することを目的としなければならない。また社会秩序を維持するために取るべき予防策に関する考慮は第二次的な重要性しかないものとみなされなければならない。〔…〕分業がさまざまな仕事にとりいれられ、人々は互いにしっかりと結びつくようになった」（『ブルボン家とスチュアート家』Ⅵ・五一四頁）。

サン＝シモンは、作業場を政治的・社会的規制のモデルにする。彼の関心を惹いたのは、社会のなかに持ち場を割り振る分業制よりも、国家の運営の仕方とは逆に、治安活動を二の次とする工場《マニュファクチャー》の管理体制にある。「フランスは大工場となり、フランス国家は巨大な作業場《アトリエ》となった。この工場全体は、個別の製造所と同じやり方で指導されねばならない」（Ⅲ・九一頁）。政府は端役となる。なぜならこの作業場＝工場は自分で自分を制御できるからである。国家は、企業家の自己規制（つまり分業のそれ）と引きかえに、自らのヒエラルキー的統治機能を自ら無力化する。支配から管理へのこのちょっとした移行によって、社会体制の大変革は自らのうちに宿され、そして引き起こされる。実現すべき国家内部の移転は、国家の統治機能だけでなく、国家による知性の管理機能をも対象としている。サン＝シモンの科学的イデオロギーはまた、未来の合理的ヴィジョンを生み出す国家をも掌握する。サン＝シモンは、神学的国家に対抗して、科学に導かれた合理的国家を推奨する。『産業体制論』のサン＝シモンは、自らを世論形成に貢献する「政論家」だと称していたが、特殊な種類のそれであった。すなわち、政府の政治にコメントする政論家ではなく、むしろ未来学者に相当する。あるいは彼自身の言葉によれば、「われわれは、大きなマストの頂上に立ち、最も遠方に見えるものを注意深く伝えようとする見張り番だと自認するものである」（Ⅵ・三九三頁）。この比喩を使って、サン＝シモンは、未来に向けて合理的な歩みを進める未来学者による国家の礎石を打ち立てる。彼は、国家という一艘の船に積み込まれた三つの政治的審級を区別している。すなわち、まずは目的を定める国王。彼は倫理的・象徴的指針となる。次にマストの頂点に立つ見張り番サン＝シモン。彼は予見するためにできるだけ遠くまで目を凝らす。最後に舵取り役の政府。それは政論家たちの助けを借りつつ水先案内人となって熟慮を重ねる。「実証的」な政治は合理的言説とイメージの政治学という二つの音域——「象徴政治学(3)」全体の二つの側面——を奏でなければならない。合理的で計画的な政治のために、サン＝シモンは、産業者ないし「産業主義者《アンデュストリアリスト》」の政治党派のあるべき姿についてはっきりと述べている。その党派をつくるには、三つの条件を組み合わせる必要がある。

「政党にはまず一つの標語が必要である。この標語はできるだけ短くしなければならず、ただ一言に縮約されねばならない。次に政党には党の見解を広める著書が必要であり、最後に、生じるあらゆる状況に党が採用した諸原則を適用させる日刊紙が必要である」（『産業者の教理問答』第二分冊、Ⅳ・一八九頁）。

サン＝シモンは、スローガンや日刊紙などを使って合理的な議論から積み上げていく、近代的な政治的コミュニケーションのあらゆる道具を提示する。産業者の活動を促進するために、彼は政治科学のコミュニケーションについて具体的に論じ、政治行動の「道具箱」を彼らに与える。サン＝シモンはまたイメージの政治学も提案する。つまり彼は未来予測的な自分の仕事に重なる未来のイメージを示すために芸術家に訴えるのである。未来の体制は、幻想でもユートピアでもなく未来のヴィジョンであって、芸術家が映像化すべき一つの計画である。

「芸術家たちが地上の楽園を過去から未来に移し替え、新体制が確立されれば必ずやもたらされるに違いないものとして描きだすならば、この体制は速やかに樹立されるだろう」（『組織者』Ⅱ・一六六頁）。

政治計画は、合理的・計画的なかたちで、そして比喩に富み、象徴的なかたちで提示されねばならない。合理的分析（科学）と象徴的分析（芸術）は、サン＝シモンにとって相補的なものである。生理学を支配している眼差しの認識論は、見ることを知識へと転換する。つまり生理学の領域から政治学の領域へ移されると、この認識論は、見る術を知っている人間に、予見を許可するのである。憶測の、いや未来のイメージの生産は、政治の幻想が覆い隠すものを可視化するために必要である。結局のところイデオロギーとは、諸原理を覆い隠す幻想を一掃すると同時に、これらの原理を目に見えるように、読めるようにするために、イメージを作り出すことに帰着する。サン＝シモンは幻想の政治学に対してイメージの政治学を提示する。産業者を「受動者」にしている既存の政治学の幻想に代えて、彼は計画的に産業者を政治面で「能動者」に変えることのできる、イメージの堅固さを持ってくるのである。サン＝シモンのイデオロギーとは、こう言ってよければ、今在るものを幻想だと批判すると同時に、未来に想像されるものを現実として肯定することにある。イデオロギーのおかげで、現在の幻想的な政治は、彼が「新キリスト教」

（3）ここでいう「象徴政治学」とは、リュシアン・スフェーズがその著『象徴政治学』（パリ、一九九三年）で与えた意味で理解されている。「象徴政治学とは、イメージの生産と亀裂の再縫合の操作という二つの主要な工程を結びつける。この政治学は、記憶－コミュニケーション、操作－イメージという二組の機能を同時に働かせるのである」〔田中恒寿訳『象徴系の政治学』白水社、一九九七年、一〇六頁。訳文を少し変えた〕。

と呼ぶ未来の宗教の真理へと移っていくことができる。幻想が政治の特徴であるならば、その転倒をイデオロギーは再び逆転させるのだ。この定式こそ、サン＝シモンにおけるイデオロギーの二面性を簡潔に表現するものであり、その痕跡はのちにマルクスにおいて再び見出されることになるだろう。産業家たちを政治行動へ促すために一八一四年から二三年までの著作で政治を合理的に論じたのち、サン＝シモンは、残りの人生を直接性と透明性をもった一つの宗教の構築に捧げることになる。もし、生産とまったく同様に、流通が全面化されて経済的繁栄が保証されるならば、その時は、来るべき産業体制は共同の交わり《コミュニオン》とコミュニケーションの社会、つまり「世界的アソシアシオン」の社会になるであろう。

第四章　サン＝シモン教（一八二四―一八二五年）

サン＝シモンの仕事の掉尾を飾るのが、彼が亡くなった年に出された遺著『新キリスト教』である。この著作は、彼の仕事の幕開けとなった『ジュネーヴ住民の手紙』がかつてそうであったように、神的な言葉、最初のロゴスへと回帰していった。『ジュネーヴ住民』では「私に語っているのは神である」（Ｉ・五七頁）と述べていたところを、同じように『新キリスト教』のサン＝シモンもこう述べている。「民衆と国王たちに真のキリスト教精神を思い起こさせるならば、私は神の責務を果たすことになる」（Ⅲ・一八八頁）。彼の思想を活気づけている関心こそ、人類の統合と新しい社会紐帯の土台たる構成原理のあいだには直接的な関係があるとする、この果てしない探究である。唯一の社会組織と一つの世界宗教を目指して、サン＝シモンは、神の民〔ユダヤ民族〕によって予告された、次のような到来を告知している。

「彼らが救世主の現れる時期と呼んだ大時期――宗教の教義が可能な限りの一般性をもって提示されるであろう時期――がやがてやってきて、この教義が世俗的権力の活動と精神的権力とを等しく規制するであろう、そしてその時には全人類はもはやただ一つの宗教、同じ一つの組織しか持たないであろう」(『新キリスト教』Ⅲ・一一四頁)。

唯一の社会組織、すなわち産業組織は「一般的で世界的な、そして唯一の宗教」(Ⅲ・一四八頁)から生まれてくる。新キリスト教ないし最後のキリスト教と呼ばれるこの宗教こそ、社会の基礎となる道徳を加味した直接的な紐帯と全面化したコミュニケーションのなかで、人間が互いに対等な立場に立つ世界的アソシアシオンにほかならない。この宗教の礼拝は、地球全域を覆うコミュニケーション・ネットワークを構築することにある。コミュニケーションとは、語源的に「交流《コミュニオン》」と「伝達」を意味している。運河に代表されるコミュニケーション手段はまた、サン=シモンにとって人間たちの「世界的アソシアシオン」を実現するための交流手段ともなる。ニュートンの墓前で寄付を募る夢を語った『ジュネーヴ住民の手紙』の構図は、サン=シモンの遺著のなかでも再確認されている。その道徳的・宗教的土台――それは政府でも教会でもなく、社会のデモクラシーと透明性として理解されるキリスト教――を加味した社会のユニークな無媒介的紐帯がそれである。実際、あらゆる社会的な流れを我田引水する世俗的・精神的権力を排除して、社会的コミュニケーションを保証してくれるものこそ、社会とその道徳のあいだのこの無媒介性だからである。

I　晩年の新宗教創設文書

サン=シモンの仕事の第三期は、重要なものとしては一八二五年の日付を持つ文書群から構成されている。すなわち『新キリスト教』、『十九世紀向きの若干の哲学的意見』、『社会組織論』、『社会制度の改善に応用された生理学について』がそれである。ただ、道徳的な関心や純宗教的な関心は、サン=シモンの著作全体を貫くものであるが、はっきりと主張されるようになったのはその遺著――それをサン=シモン主義者たちは福音書だと見なし、のちにそれを実践していくはずである――においてである。道徳問題および自らの理論のイメージ化へとサン=シモンの仕事が変化していったのは、一八二一年の『産業体制論』から見て取ることができる。しかし、「アンリ・サン=シモンの弟子」のオーギュスト・コントが一八二三年に『産業者の教理問答』の第三分冊を起草したことで、サン=シモンは、晩年の著作のなかでこの問題に特別な意味を与えざるを得なくなった。この第三分冊の序文で、サン=シモンは、この秘書〔コント〕とはっきり一線を画したのである。自分の弟子の仕事を否認したことにより、一八二四年に始まる訣別のプロセスがその口火を切ることになった。「われわれの弟子は、科学的部分しか扱わなかった。その感情的・宗教的部分をまったく論じなかった」（Ⅳ・四―五頁）。コントの文書に対するサン=シモンの批判は、彼のアプローチの「宗教的」な乏しさに向けられていた。オーギュスト・コントは、断固としてサン=シモンの仕事の「科学的部分」しか扱わなかった。なぜなら彼のもっぱらの対象は政治科学にあったからである。

「サン＝シモン氏の生涯は、十九世紀に課せられた哲学的大事業のこの二つの分野を効果的に開拓するにはどうしても欠かせない主要な諸概念の発見に捧げられた。長いことサン＝シモン氏の根本思想をじっくり考えた末に、私はこの哲学者の諸洞察のうちもっぱら科学的方面に関わる部分を体系化し、発展させ、改善することに努めたのであった。この仕事の成果が実証政治学体系の形成であって、これこそ今日私が思想家たちの判断に供しようとしているものである」（『産業者の教理問答』第三分冊、Ⅳ・九頁）。

師と弟子の諍いは、科学を道徳ないしイデオロギーに対置させる分離をめぐるものであった。科学と道徳はサン＝シモンの哲学の二つの側面だったので、彼は両者を分離させない。これに対して、コントは厳密な科学的・実証的アプローチを主張する。コントは、サン＝シモンが彼と出会う前に扱っていた百科全書的な仕事を知らなかっただけでなく、象徴的なものや、さらには宗教的なものを、制度と政治活動の基礎として重視する必要があることを過小に評価した。サン＝シモンにとって、科学と道徳、実践と理論、経済と象徴はどれも不可分である。特に啓蒙主義やフランス革命によって敢行された、カトリック教会や聖職団への根本的批判を経て、社会紐帯や社会の道徳的基礎を再発明する必要があっただけに、この二項的アプローチがなおのこと要請されたのである。社会は利益共同体に限られるわけではなく、この社会を成功させる条件とは共通の目的と共通の教養を共有することにある。

「社会は共通の観念なしには存続できません。世俗的な領域において利益の共通性が必要であるのと同様に、この共通性は精神的領域においても必要です。ところで、これらの観念は社会機構にあまねく採用された哲学的学説を基礎に持つのでなければ、共通なものになりえません。この学説は丸天井の要石であり、あらゆる部分を結びつけ、強化する紐帯です」（『産業体制論』第二巻、Ⅲ・五一頁）。

社会は、それを統合するメタ関係を必要とする。このイデオロギー的紐帯は、サン＝シモンが繰り返し述べたように、神の観念に比肩する抽象的なレベルの「一般観念」である。とはいえ、彼は神の観念はもはや社会的紐帯の役を果たしえず、むしろそれは万有引力のような科学理論でなければならないと、そのデビュー作から主張していた。それゆえ彼が対象としているのは、いわば脱宗教化された合理的宗教である。すなわち「社会組織の基礎ないし、むしろその一般的紐帯」（Ⅱ・一〇七頁、脚注）である道徳である。サン＝シモンの証明によれば、産業者は自分たちの能力を実力に変えるために固有の政治党派が必要であるが、まず彼らに必要なのは一つの理論であった。産業主義のイデオロギーなしに、産業党はありえない。この理論によって、新しい土台に基づいた社会的紐帯が打ち立てられるはずである。政治は幻想にすぎず、その真相はむしろ兄弟たちの宗教と党員たちの経済が結合することにある。

「キリスト教の聖なる創始者によって定められた根本原理はすべての人間に互いに兄弟とみなし合い、

互いの安寧のためにできるだけ完全に協力し合うように命じております。この原理はあらゆる社会的原理のうちで最も普遍的なものです。この原理はその諸帰結のうちに一切の道徳のみならず、一切の政治も含んでいます。この原理は真の構成原理であります」(『産業体制論』第二巻、Ⅲ・二二九頁)。

産業社会の創発的な社会紐帯は、初期キリスト教の紐帯がそうであったように、道徳的・宗教的でなければならない。政治計画を想像するだけでは十分ではなく、同様にそれをイメージ化しなければならない。そういうわけで、いまやサン＝シモンが自らに課した活動は、自らの政治哲学の総体を普及させ、解釈し、さらに実現していく手段として、本来のキリスト教を道徳的に刷新することにある。だからサン＝シモンの政治学は、知的道徳の活動と人間を支配する活動のあいだの断固たる象徴的対立を造り出すことで、一つの「聖なる試み」となるのである。サン＝シモンの道徳は、権力の追求と行使の活動を基礎づけるために策略と実力を高く評価したマキアヴェリのそれにとって代わるものとみなしうる。この道徳は、産業者たちの平和的・生産的なアソシアシオンに依拠している。作業場や工場といったサン＝シモン的な産業主義は、隣人愛というキリスト教道徳を自らの資源とする。「初期のキリスト教徒たちの振る舞いはあらゆる点で賞賛すべきものであった。[…] 諸君、彼らの振る舞いこそわれわれのモデルにしなければならない」(Ⅲ・一〇四―一〇五頁)。サン＝シモンは、初期キリスト教徒たちのこの「宣教活動」に着想を得ながら、自分の教義を普及させようとする。彼は、自分の学説への情熱を生み出すために、自分の理論を広めて、それを物理的な力へと転換させ、「公共善への情熱で精神的な住民たちを焚きつける」(Ⅲ・

一一六頁）ことを望んだ。最大の力は「この世の女王」〔パスカル〕たる世論の力なので、サン＝シモンは「産業的・科学的意見」を形成しようとした。産業的・科学的体制を「完成した最後のキリスト教」と同一視することによって、産業体制の創設は神の仕事となる。道徳によって基礎づけられた産業体制は、「神自身によって打ち立てられた基本原理の直接的な適用」である。産業的・科学的体制は最後のキリスト教であると宣言することは、表面上のパラドクスにすぎない。サン＝シモンは、一つの「科学的なイデオロギー」を打ち立てる。まず精神的権力を学者に託すこと、つまり産業体制の聖職団を創設することがそれである。次に、サン＝シモンのイデオロギーは、有機的ネットワークの生理学的理論によって合理的に基礎づけられる。最後に、科学の土台に裏打ちされたこの理論は、社会的効果を上げるために聖別されたもの、イデオロギー化されたもので飾られねばならない。彼の学説の宗教ヴァージョンを展開させることとは、サン＝シモンにとって二つの目的があった。一つは、社会的移行の原モデルを神聖なものとみなし、それを神学的原モデルと交代させること。もう一つは、最大多数——つまり産業者＝労働者——のところにその理論を広めること。この二つの関心はサン＝シモンにとってはっきり結びついており、一八二四年から二五年までの著作は、イデオロギー的で民衆的なこの二つの関心の痕跡を留めている。宗教的な原モデルを逆転させる巨大かつ最終的な象徴的操作に従事する彼の狙いは次のところにある。

「地上の楽園を移動させ、それを過去から未来へと移し変える道徳的・詩的・科学的大作業というのがそれである。この知的作業は、実行可能なあらゆる作業のなかで最も重要なものである。というのも、それは社会道徳を改善すれば、すぐさま社会の運命を改善することになるものだからである」(『哲学的意見』V・八二頁)。

マルクスの批判よりもはるか前に、サン＝シモンは、あらゆる仕事の報いと象徴的な慰め、そして人生全体の人間的な苦悩として宗教を見なすことに対する強烈な批判を展開した。宗教において彼が批判するのは、天国とか地獄、つまり記号の性質というよりも、むしろそういうものを流通させ、事物や真理と取り換えてしまう構造のほうである。それゆえ彼は、もはや「上から降りてくる」神の言葉、ロゴスを解釈するのではなく、人間目線でこの世の未来の輪郭を素描するために言葉と記号を創始するのである。この新しい言葉によって、未来は予見や発明というよりも観察をすべきほぼ現実に近い状態となる。未来は目的として設定されると同時に、実際には現在のほうが幻想となる。過去―現在―未来の連続体のなかで、現在は中央を占め、過去と未来を対等な関係で結ぶ接合点となる。交互運動によって現在は過去と未来のあいだの往復の中心に置かれ、過去の次元と未来の次元の間に等号が立てられる。未来は過去と同様にリアルとなる。現在は、過去と同時に未来のうちに胚胎しているリアリティーを担った一つの符丁にほかならない。過去と未来は同等であるにもかかわらず、象徴的な観点から対等に扱われてきたわけではなく、そのため未来に価値を与えなければならない。「奴隷制が否定された今日において、人々の注意がもっぱら向けるべきは未来である」(V・一一五―一一六頁)。かつてのキリスト教が失われた地上の楽園を嘆き、天上の未来を約束した場所に、サン＝シモンの宗教は来るべき地上の楽園を約束するのだ。サン＝シモンにとって、この社会改革の約束のなかにはユートピアは一切存在しない。彼は『ジュネーヴ住民』の「夢想」が示唆したユートピア思想に反対して、『組織者』においてすでに次の二つの議論を行っていた。まずは「社会秩序の大仰な改善計画はすべてユートピア呼ばわり」してもかまわないものであること。そしてそれだけでなく特に、彼が提示する計画が「七、八百年前から文明が辿ってきた歩みに由来する必然的帰結」にほかならず、「この計画がまったくユートピアではない証拠がここから導かれる」（Ⅱ・六三頁）ということとである。地上の未来のこの新宗教において、救済は労働のなかに探し求められねばならない。この労働が一般的利益に属していれば、それだけ新宗教に貢献する。そういうわけでサン゠シモンは、地上の領有と美化のためのコミュニケーション・ネットワークの構築を旨とする大事業計画の実現を、芸術家・学者・産業者たちに要請する。サン゠シモンは、社会に「情熱を与える」こと、そして未来を想像・創始して、それを実現することの任を芸術家に与えた。芸術家たちは、旧宗教においては天上の未来を描いたように、地上の未来を素描する。宗教組織は、新宗教に採用されるからといって取り換えられる必要はなく、ただその内容と哲学だけが変更されるにすぎない。形態には手をつけず、単に内容に手をつけるのみ。気づかれることのない移行を滞りなく行うために、サン゠シモンがとった一貫したやり方がこれである。人々が原初の失われた楽園だと信じてきたものを反転させたものが地上の楽園であるならば、最後のキリスト教によって、われわれはこの地上の楽園に到達することができる。「盲目的伝統が今まで過去に置いてきた黄金時代はわれわれの目の前にある」。一八二五年に計画された『文学的・哲学的・産業的意見』――『新キリスト教』はその一分冊にすぎない――に掲げられた献辞がこれである。一八〇二年の『ジュネーヴ住民』以来、サン＝シモンは「私が地上を楽園にする日がやってくるだろう」（Ⅰ・四八頁）と彼に語らせた神の御言葉を「夢見」てこなかっただろうか？ 言い換えれば、楽園はこの世のもの、未来にあり、もはや天上やあの世にはないと語ってこなかっただろうか？ サン＝シモンは、このシンボル形式のコペルニクス的転回をその最終段階まで推し進めていくだろう。これこそ「新キリスト教」の目的である。

Ⅱ 『新キリスト教』――世界的世俗宗教

「保守主義者と革新者の対話」という副題を持つこの著作は、その著者によれば「学説のすべて」が含まれている。カトリック体制を清算することは、この体制にもう一つ別の宗教体制を対置させることを意味し、「新キリスト教」は隣人愛のパウロ的起源への回帰として理解される。この文書は、三つの「対談」形式で提示されるはずであったが、最初の対話だけがサン＝シモンによって書かれた。「保守主義者」と「革新者」の間のこの対話は、まず保守主義者の次の質問から始まる。「あなたは神を信じるか？」。この質問に対して革新者、つまりサン＝シモンはこう答える。「そうだ、私は神を信じる」（Ⅲ・一〇七頁）。この肯定的な返答は、注釈者たちに多くの推測を与えてきた。事実、サン＝シモンは、一般的紐帯として、社会紐帯の創設原理として神の必要性について語っているからである。どんな社会も「一般観念」に立脚しており、この観念がシンプルになれば、それだけ最良のものとなる。この対話のなかで、神はそうした観念だと見なされている。なぜなら、「革新者」サン＝シモンは「聖職団が神の名において語っているものから、神が個人的に語っているもの」（Ⅲ・一〇八頁）を区別しようとしているからである。意味の真相へと立ち戻り、幻想を生み出す制度上の媒介を排除するというこれもまた、記号とモノを切り離すサン＝シモンのやり方である。アカデミーの背後には天才が、政治の背後には経済が、教会の背後には神の言葉がある。ロゴス、創世的言辞、宗教の真理を再発見することは、カトリック体制を記号、単純な解釈、さらには異端にまで還元することである。宗教の真理、それは兄弟たちの平等であって、人間に対する人間の支配ではない。ここで問われているのは、もはや人間関係における「垂直的な」繋がりではなく「水平的な」繋がりを作りだし、支配《ドミナシオン》に抗してアソシアシオンを創設することである。この交替は、そのまま宗教的原モデルの転倒と密接に繋がっている。普遍的な単一原理が新しい教義を決定する。

「新しいキリスト教の組織は、すべての人間は兄弟として振る舞うべしという原理から、精神的諸制度と同様に世俗的諸制度を導き出すであろう。それは、どのような性質のものであれ、すべての制度をして、最も貧しい階級の福祉の増大を目指させるであろう」（『新キリスト教』Ⅲ・一一三頁）。

「新キリスト教」を創設するには、この革新者はイエスと原始教会の道徳に依拠すればよい。イエスの初期キリスト教と、サン＝シモンが異端と非難する教会のあいだには何が起こったか？　十五世紀以来、教皇レオ十世とともに教会は、かつてイエスがそう教えたように、最貧民を擁護するために戦うということを止めてしまった。教会は世俗的権力を支え、もはや抵抗ではなく服従を説くようになった。イエスの言葉は教義となり、制度をつくりだしてしまった。流体が権力として凝固し、その流れを失うように、天才はアカデミー学者となって道を誤り、移行〔の動き〕は体制へと姿を変えて大革命の成就を妨げた。レオ十世とともに教会は、世俗権力との「冒瀆的な協定」によって原始キリスト教のメッセージを裏切った。これこそルターの批判と反乱を物語るものである。だがルターはその歩みを最後まで進めなかった。サン＝シモンによれば、「この改革は不完全であった」。なぜなら、プロテスタンティズムはその仕事をやり遂げず、批判的な側面にしか歩みを進めず、新宗教を生み出せなかったからである。それゆえサン＝シモンは、政治面で十八世紀の啓蒙主義者に放った批判と同じものを、宗教面でルターに差し向ける。つまり、批判的な仕事だけでは不十分なのだ。この事実から、フランス革命と同様に宗教改革は未完のままに留まったのであり、新しい宗教的・社会的組織を造り出さなければならない。原始キリスト教は、それが世俗的権力の行使に加担した時から教会によって堕落させられた。したがって「本質的にデモクラシー的であった」（V・七四頁）キリスト教の真髄を再発見し、純化されたキリスト教道徳を手に入れるためには、教会制度を超えて起源にまで立ち戻らなければならない。「人間たちが純粋な宗教へと戻ってくる時代がかならずやってくる」（Ⅲ・九三頁）。おそらくサン＝シモンのユートピア、純粋かつ完全な宗教のユートピアがあるとすれば、ここに宿っている。「道徳を純粋化させる」（Ⅲ・一〇三頁）と共に、キリスト教を「純粋化」させるという願いから、彼は教会を世俗の政府――つまり危険かつ無益な媒介――だとみなすようになる。サン＝シモンは、「教会の既存体制、すなわち政府」（Ⅲ・一二八―九頁）を批判する。サン＝シモンは神の言葉を含めて、常に直接性を求めているので、教皇、教会、聖職団、プロテスタンティズム、そしてルターの改革に対する全面的な非難文書を書き上げる。

「私は、現在の教皇とすべての枢機卿とを、また十五世紀以降のすべての教皇とすべての枢機卿とを、異端者であること、また異端者であったことを糾弾する」（『新キリスト教』Ⅲ・一二九頁）。

道徳の歪曲（濫用）を避けるには、その起源に立ち返らなければならない。終わりは始まりである。宗教の単一性は社会組織の単一性に対応している。「唯一の宗教には一つの同じ組織が対応する」。歴史の終わりは、循環、交流、アソシアシオンの足かせとなる諸権力の社会的分割の終わりである。それに代えて、産業体制が持って来るのが責務と能力の調和的な分割である。起源への回帰が意味するのは、「普遍的で単一の原理」へとキリスト教を引き戻すことである。だが、起源にあった原理をそのまま焼き直すだけでは十分ではなく、「その基本原理に変化を加えながら、キリスト教を若返らせる手段を見つけ」（Ⅲ・一七九頁）なければならない。サン＝シモンが『ジュネーヴ住民』以来提案してきたように、近代の科学原理が神の原理にとって代わる。そうすることで、彼はこの新宗教の普遍性、つまり他のすべての理論に対する優越性を証明しようとする。

「私はカトリック教徒とプロテスタント教徒の異端性を立証することだけを目的としているのではない。キリスト教を一切の古い宗教哲学に対して勝利させるだけでは、私にとってキリスト教を完全に蘇らせるためには十分ではない。さらにそのうえ、宗教の外部にあった哲学者たちのすべての学説に対するキリスト教の科学的優越性を、私は明らかにしなければならない」(『新キリスト教』Ⅲ・一八一頁)。

「新キリスト教」を創設するために、サン＝シモンは次の二つの条件を打ち出す。一つは創世的原理の単一性であり、原始キリスト教へ回帰する意味がそこにある。もう一つは、科学的アプローチが確立する、この原理の普遍性である。「新キリスト教」の第一の対話の目的は原理の単一性を主張することにあった。その一方、この原理の普遍性に関する論証は、サン＝シモンが告知したものの、起草できなかった第二の対話の目的であったに違いない。原始キリスト教は単一の一般観念に基づいて創始されたが、「最初のキリスト教の教義が社会に与えたのは部分的かつ非常に不完全な組織にすぎなかった」。なぜなら、この教義は世俗的権力と精神的権力の離別を設定したからである。この離別はキリスト教道徳の腐敗を物語っている。この理由から、道徳と社会組織の一致を回復しなければならない。「原始」キリスト教と「最終」キリスト教のあいだ、キリスト教の起源と終局のあいだには、産業体制を含め、二つの権力の離別を特徴とする長い歴史的な移行局面が存在する。サン＝シモンが促すように歴史をこのように観察するなら、つまり一八〇〇年前までさかのぼるなら、歴史は社会組織が単一普遍の道徳観念に基づけられた二つの時期のあいだの大移行期として現れる。歴史の起源と終わりを往来しながら、サン＝シモンは、産業体制の基礎を、その未来の発展のなかに彼が追い求める道徳的な終局目的の上に打ち立てる。実際、原始キリスト教道徳が封建体制の精神的権力〔カトリック教会〕に先んじたように、この〔最終キリスト教〕道徳は産業体制の未来にやって来る。封建体制が創始された時、原始キリスト教の起源は教会によって堕落させられたが、同じように産業体制が創始される時は、その道徳的目的はサン＝シモンによって開示されるのだ。このやり方のおかげで、彼は未来を遠くまで見渡すために、人類の過去を遠くまで観察できるようになった。なぜなら「過去をよく観察すれば、そこから未来が容易に導き出せるからである」（I・一二二頁）。振り子をモデルとしたこの歴史家の眼差しによって、多少の差はあれ大規模な歴史的行程が一望のもとに収められ、中継区間は両極点のあいだの過渡期とみなされる。もし原始キリスト教まで観察を広げて辿りなおすことができれば、その時は、今度は自身が過渡期となった産業体制を超えて、最終キリスト教までの遠い未来を予見することができよう。観察は、それが過去の遠くまで及べば及ぶほど、それだけ未来へと投映される。過去と未来、起源と終局のあいだのこの移行と接合を滞りなく行うことが聖務となる。既存のものへの批判は壊しはするが、しかし交替したり構築することまではできない。そうするには、既存の体制と過去の体制に対して来るべき体制で応じられるように、未来を考えなければならない。原理をその統一した姿で再び見出すには、原始キリスト教道徳まで戻る必要がある。象徴的純化の作業は、異端宗教よりもさらに古い起源にまで遡ることによって果たされる。キリストも教会もなく、肉的なものを削ぎ落としたこの「新キリスト教」ははたしてそれでもなお宗教なのか？　サン＝シモンのアプローチはもはやイデオロギーの次元にあるのではない。なぜなら重要なのは社会変革の計画へと産業家たちを動員することだからである。それと同時に、この純化されたキリスト教は直接的な社会というユートピア的なヴィジョンに依拠している。「新キリスト教」によって、サン＝シモンの象徴的な原モデルはその最終版として固められる。社会的な大変遷によって、人類史の全体は、起源と終局、キリスト教の失楽園と「新キリスト教」の来るべき地上の楽園のあいだのループとして表現される。サン＝シモン的原モデルの水平性は、教会権力と世俗権力の同盟をキリスト＝王の身体に刻みこみ、それを象徴化してきたカトリックのヒエラルキー的原モデルの垂直性に抗して徹底的に展開される。サン＝シモンの宗教的原モデルによって、近代史の起源と道徳的終局のあいだの大変遷の意味が明らかにされる。サン＝シモンは自問する。実際には、この新宗教はどのように表現できるだろうか？　その礼拝や祭司はなにか？　最貧困階級、つまり民衆の運命を改善する実行手段は何か？　それに答えるために、彼は士官にしてエンジニアという経験、すなわち国土ネットワークの構想とその構築を介した、自然への働きかけという問題関心へと再び向かう。

「最貧困階級の生活をできるだけ速やかに改善するために最も都合の良い事態は、行うべき仕事がたくさんあって、しかもそれらの仕事が人間の知性を最大限に発展させるといった事態だろう。諸君はこの事態を作り出すことができる。今日ではわれわれの地球の大きさが知られているので、人類の所有地をできるだけ生産的にさせ、あらゆる点で住むのに最も快適にさせるために行うべき仕事の一般計画を、科学者、芸術家、および産業家に作らせなさい」（『新キリスト教』Ⅲ・一五二頁）。

有益な公共事業、特にコミュニケーション・ネットワークによって地球上を豊かにするために協力者たちが働けば交流が生まれるだろう。同志たちのこの大仕事によって、地上はそれを変貌させる人為的ネットワークからなる理想的な組織として姿を変えることになる。サン＝シモンの論証によれば、組織はそれが有機的になればなるほど、一段と多くの活動をその環境に対して働きかけることができる。つまり、それだけ社会組織が進化し、有益な公共事業――すなわちネットワーク――を生み出すことができるのだ。また逆に、このネットワークが発展することは社会体制が優越的であることの証しでもある。では、どのような仕事が「土地所有」を生産的なもの、適切なものに変えてくれるのか。それについてサン＝シモンは何度もこう明言している。

「少なくとも十年のうちに、フランスの土地の価値を二倍にできます。そのためには、未開拓地を開墾し、湿地を干拓し、新しい道路を通し、現在ある道路を改善し、輸送を短縮するために必要なすべての港湾をこしらえ、航行にも灌漑にも利用できるすべての運河を作る必要があります」（『産業体制論』「労働者諸氏への手紙」Ⅵ・四三八―四三九頁）。

サン＝シモンの宗教的実践は、水、つまり貨幣の流通を滞りなく行うために、人体に観察される水路を、フランスの身体、つまりその国土に引くことにある。この大事業プログラムは、二つの利益をもたらす。一つは、国土にコミュニケーションと流通を造り出すこと。もう一つは労働者のための仕事を育成すること。宗教は「大事業」と労働に基礎を置いた社会組織を必然的に生み出すことになる。この素描のなかで、サン＝シモンは、人間の労働と社会の大公共事業という言葉の二つの意味で、象徴的に労働価値に根拠を与えている。常に健全な組織とは、自然との能動的かつ有効な関係を保証する組織である。経済の基礎が倹約にあるのと同様に、一般的利益の大事業は万民に仕事を保証することにある。ネットワークを構築できれば、「有用な公共事業」による自然への働きかけだけでなく、暴力ではなく労働に基づいて社会を創始し、社会的なものに働きかけることが同時に可能となる。新宗教は、流通と労働の経済に基礎を置く社会組織と同一視される。すべてが循環し、流通し、通過し、交流する真の地上の楽園、完璧な組織がこれである。流体の永遠の運動こそ新社会の状態なのだ。コミュニケーション手段は思想の流通に必要な、つまり思想を一つの宗教とするためにそれを普及させるのに必要な諸条件の一つである。コミュニケーション手段は統合と社会的結合に寄与し、さらには社会組織を一つにまとめる条件にさえなる。産業体制には地中海という流通経路が自然の姿で存在しているとすれば、それら経路を人為的にネットワークで結んでいく必要がある。地中海は自然の姿のコミュニケーションの象徴である。そういうわけで、のちにサン＝シモン主義者たちは、地中海を人為的ネットワークを土台とした「世界的アソシアシオン」の揺籃《ゆりかご》に仕立てるのだ。地中海は、全体的な地理でいえば、われわれの文明の揺籃にすら相当する。現代文明を出産した母なる海こそ地中海であるというこの神話は、サン＝シモン、次いでサン＝シモン主義者たちが決定的にその構築に一役買った近代のイデオロギー的産物である。提案されているアソシアシオンは、分業が社会階層に取って代わる仕事場という経済モデルと、神の前では平等な人間たちの友愛という宗教モデルに着想を得ている。経済と道徳は、人間同士のコミュニケーションと貨幣・知識の循環のイデオロギーのなかでもう一度再び融合する。この共同の交わり《コミュニオン》の原始キリスト教こそ、経済的アソシアシオンに、そしてコミュニケーション・ネットワークの開拓にふさわしいものである。コミュニケーション・ネットワークの実現による日常的行動の合目的性、工場労働者たちの経済的アソシアシオンによる社会的な合目的性、そして兄弟同士の宗教的交わりによる倫理的・宗教的な合目的性、これらの合目的性を統合する巨大な綜合の実施が可能となるのだ。「産業体制」とはこの綜合の表現にほかならない。このようにサン゠シモンの宗教は、交わり・アソシアシオン・コミュニケーションという三つの土台のうえに構築されている。交わりは唯一の道徳原理であり、世界的アソシアシオンは人間同士を「仲間」のように対等な関係に置き、人間・知識・貨幣のコミュニケーション・ネットワークの実現は「人類の土地所有を改善するための一般計画」（Ⅲ・一四五頁）をなすのである。「まっすぐ民衆にまで届く」（Ⅲ・一七五頁）この純粋宗教の基礎にあるのは、流体の直接性、透過性、循環性なのである。

Ⅲ　サン＝シモンの振り子

サン＝シモンの仕事の紹介を閉じるにあたり、彼の学説の精神に迫ることにしよう。われわれにとって、サン＝シモンのヴィジョンと方法は、社会的移行という変わらぬ問いのまわりを絶えず変化しながら動く「振り子」のイメージのように映る。サン＝シモンは、まず神の法をニュートンの科学法則に置き換えることから始めたが、しかし、「天才」と「人類」のあいだの不断の流通を打ち立てることで神の法の垂直的な構造は維持されていた。その後、彼は自分の方法を社会的なものに適用し、国王の一時的独裁のような比較的小さな移行から、人類の道徳的起源である原始キリスト教と歴史の道徳的帰結である「新キリスト教」のあいだの最も大きな移行まで、移行の規模を変化させた。社会的変遷のその原モデルの三つの主たる移動は、認識論的時期、政治的時期、そして宗教的時期というサン＝シモンの仕事の三つの時期と一致しており、この三つの移動を観察すればサン＝シモンの完璧な足取りの全体的な方向性がみえてくる。まず「科学的イデオロギー」。そこではアカデミーのような知識の媒介制度を取り除くことが重要となる。有機体＝ネットワークの生理学的・政治的理論のおかげで、天才ニュートンと招集された人類のあいだの知識の直接性が保証される。移行をめぐるこの第一期の原モデルは、有機体＝ネットワークが知識と敬意を淀みなく循環させる唯一の媒体となっている、表象の三つの垂直図式のなかに留まり続けている。第二期になると、サン＝シモンは、この有機体＝ネットワークの媒体を政治に適用し、社会体制の歴史的移行をお膳立てしようとする。原モデルは水平的となり、いまや世俗のスケールに応じて配置される。移行の幅は実施される変化の性質に応じて異なってくる。たとえば、政治的な移行の場合、その変化は気にも止められないのでごく短期的なものだが、宗教的な移行の場合は、キリスト教道徳の起源にまで遡らなければならないので非常に大きなものとなる。サン＝シモンは、その政治的なアプローチの面において社会体制の変革を実現するために最も容易な移行のポイントを探し求めた。彼は、産業者による予算の議決のなかに、さらには変化が小規模な一時的独裁のなかにこの移行のポイントを見出したのである。媒介を求めるのはできるだけ最小限に抑え、それを行政能力と政治権力のあいだの国家内部の移動に留めた。貨幣の流れは組織者＝ネットワークのおかげで絶えず組織内を循環できるので、政治的なものから経済的なものへ、「人間の支配」から「モノの管理」へと「移行」させることができる。原モデルのこの第二の変化は、常に歴史のスケールに応じて組み立てられている。最後に第三期、つまりその宗教的アプローチにおいて、サン＝シモンは「新キリスト教」のうちに産業体制の道徳的基礎を見出した。歴史の終局であり、地上の楽園である「新キリスト教」は起源、つまり原始キリスト教の神の道徳を再発見する。この終局は、ソクラテスからサン＝シモンまで続く巨大な歴史のループの始まりである。精神的権力から世俗的権力を切り離してきたもろもろの社会体制の歴史全体が、今度は、歴史の起源と終局のあいだの巨大な過渡期のなかに包摂される。この二つの「極」において社会的なものが、同一の規制的道徳原理、つまり兄弟たちの交わりによって正当化される。歴史の終わりに配置されたコミュニケーションないし「世界的アソシアシオン」は、神の前での兄弟たちの原始の交わり《コミュニオン》を蘇らせるのである。

サン＝シモンは、その変化のなかで自らの観点を移動させ、同じ対象――社会変革――を分析するにもその道具立てを変更する。もし遠くまで視線を向けるなら、移行は道徳的・宗教的な規模の大きさとなり、もし近場の情況に視線を向けるなら、移行は制度的な規模のものとなるだろう。最後に、もし視線が中間の距離なら、移行は社会体制に影響を与えるだろう。政治・経済・宗教のあいだの差異は、「一瞥」の範囲――つまり観察領域の広さ――の問題にすぎない。移行の規模が大きい時には、政治は政治的な象徴体系となるが、しかし移行が小さい時には、それは政治（の）組織となるにすぎない。このように対象は、その観察者の視線に応じて変化する。「人間科学」となった「人間の科学」の対象は、それ自体として与えられるのではなく、この観察されている現実の一部に含まれている観察者の観点と方法によって構築される。彼がそのキャリアを通して、社会的現実に対する観察者の視線の範囲を変えるとしても、それはサン＝シモンが不動の目標、一つの方法をもっているからである。その方法とは、関係性と定常性の解明のために、同じ社会的対象に対して観点を交互に変化させることにある。変化に応じて実施されるこの方法は、それ自体、十八世紀のイギリスで起こった第一次産業革命の技術との類比から構築されている。『十九世紀の科学的研究序説』のなかで、サン＝シモンは、彼の一般的方法を構成する交互運動――分析の方法と総合の方法のそれ――の典拠を明らかにしている。すなわちポンプである。「ポンプの活動を保っているのは、高きから低きへ、低きから高きへのピストンの交互運動である」（Ⅵ・二三二頁）。十八世紀において、ポンプは振り子の流体力学的等価物であり、二つの言葉は同義語であった。そういうわけで、彼の認識論的な指針を表している「サン＝シモンの振り子」は、規則的で自己産出的な交互運動――

それが大時計のであれ、蒸気機関のピストンのそれであれ、磁場のそれであれ、さらには血液循環の膨張収縮運動であれ――の一切を説明する。振り子は三つの構成要素をもっている。つまり、支点、振り子の揺れが作用する土台、そして振り子を調整する装置である。支点の特徴は、五十年後に慣性系から自転を検証・測定するのに役立つことになる有名なフーコーの振り子とは違い、優先的に時間に適用されることにある。サン＝シモンの振り子の支点は動かないわけではない。それは動く点ないしズレる点としての現在である。そこから、観察者＝行為者としてのサン＝シモンの視線が投げられる。観察主体――サン＝シモンの有名な「一瞥」――を前提とするこの支点は、張力の場にして場に非ず、つまり過去と未来の通過点である。サン＝シモンの「振り子」を歴史へ適用すると仮定してみよう。歴史は、サン＝シモンが「一瞥」で調整した振り子のふり幅に応じた移動に要約される。原始キリスト教の起源から最終キリスト教への大きな移行は、封建制から産業への社会体制間の移行を含んでいる。そして今度は、この社会体制間の移行は、国家内部の「気にも留められない」小さな移行を含んでいる。一つの移行に働きかけること、それは別の移行の留め金を外すことになる。振り子の支点を検討したので、次にその土台を検討しよう。種子の理論によって、サン＝シモンの論理は、一方が他方のなかに含まれている複数の時空間の上――「振り子」の交互運動が行われる場がここである――で展開される。そのモデルの役を果たすのが箱型大時計である。国家内部の予算決議の変更によって新体制へのかすかな移動の留め金を外す小さな移行は、それによって誘発される封建体制から産業体制への体制間移行のなかに含まれており、そして今度は逆に、この体制間移行は原始キリスト教と「新キリスト教」のあいだの道徳の大移行のなかに含まれている。この包摂の働きを次のように読むこともできる。つまり、小移行の領域である経済政治学は、中移行の領域である社会政治学のなかに含まれており、今度は逆に、この社会政治学は大移行の領域である象徴政治学のなかに含まれているのである。さて、振り子の支点と土台を検討したので、次に振り子を調整する装置を検討しよう。有機体ネットワークの内的力学を保証し、この論理的な「仕組み」の永久運動を保証するものこそ「調整機能付き懐中時計」のモデルである。実際、「調整機能」の一貫した交互運動によって、ネットワークにおける流れの不断の循環は滞りなく行われる。このサン=シモンの変化を評価するには、この図式をその主たる技術的典拠の一つと比較するだけで十分である。一七八二年から八五年にかけてジェームズ・ワットが開発したような交互的機関たる蒸気機関がそれである。蒸気機関は、十八世紀に誕生した新しい技術体系の象徴となったが、それは、サン=シモンが自らの論理を象徴する交互運動を体現した自動機械のモデルに依拠したことで、彼がそのスポークスマンの一人となった「産業革命」を性格づけてさえもいる。彼は、自然状態のなかで観察されたメカニズムを生体のなかに再び見出し、自動調整的な交互運動を例証するために——彼にとってこれこそ自分の論理の本質に思われた——、機械と有機体の二つの比喩を融合させた。このパラダイムこそ、社会を「真の有機的機械」(V・一七七頁)として定義するサン=シモン的構想の骨格をなすものである。

第五章　サン＝シモン主義運動（一八二五—一八七〇年）

サン＝シモン主義に触れようとすると、まずその定義について最初の困難にぶつかる。というのもこの運動は、幾多の内部分裂から生じた無数のイニシアティヴと諸潮流の寄せ集めだからである。単体のサン＝シモン主義があるのではなく、サン＝シモン思想の修正版を多少なりとも唱えた分派がそれぞれ個別にあるにすぎない。サン＝シモンの思想は、しばしば手が加えられ、数人の彼の弟子たちのあいだで再び血肉化された。サン＝シモンは、おそらくはサン＝シモン主義者ではなかっただろう。これはマルクスがマルクス主義者たろうとしなかったのと同じである。しかし、師匠〔サン＝シモン〕の学説を広めるのに役立ったいくつかの活動は、間違いなく弟子たちのおかげである。一つには、師の著作の収集と出版であり、もう一つは交通《コミュニケーション》網と教育、そして近代の信用手段の発展に役立った多岐にわたる活動である。

サン＝シモン主義運動の歴史は、主に三つの時期に分かれる。（一）一八二五年から三一年まで。この時期は、学説の再構築とその普及、および教会の創設期にあたる。（二）一八三一年末から三二年まで。この短い時期は、バザールとアンファンタンの二人の教父の離別による危機的で過渡的な時代である。

（三）一八三三年から七〇年まで。この長い時期は、シュヴァリエとアンファンタンの新たな離別に始まる実践への移行期である。この実践を通じて、サン＝シモン主義のエンジニアや財界人たちは、知識と貨幣の流通網や交通網を効果的に実現していくだろう。「新キリスト教」の教義は、最初のころは教義の樹立を目指して雑誌や講演会を通じて焼き直され、喧伝されていたが、一八三三年以降はそれを具体化していくことになる。一八三一年から三二年の冬の短い時期は、学派の二大作業、つまり教義と礼拝〔の構築〕の架橋に充てられるであろう。

I　サン＝シモンの教義とその喧伝（一八二五―一八三一年）

一八二四年にサン＝シモンは、オーランド・ロドリーグ（一七九四―一八五一）とバルテルミー＝プロスペール・アンファンタンを含む七人の小さな委員会の前で「新キリスト教」を自ら開陳した。アンファンタンは自問している。「その様子にあまりに驚いた私は内容の多くを聞き漏らした。それはあらゆる書物の運命、つまりそれを社会が理解できない時代に現れたすべての書物の運命であった」。サン＝シモンが埋葬されたペール・ラシェーズ墓地からの帰り道、師の葬式のまさにその日、一八二五年五月二十二日に、この委員会から運動が生まれた。グループのなかで最も活動的だったのは、サン＝シモンの最後の助手オーランド・ロドリーグを筆頭に、詩人レオン・アレヴィ、バイイ博士、弁護士デュヴェルジエらであった。彼らはサン＝シモン主義の最初の機関紙『生産者』を刊行したが、これは師が亡くなる直前から一緒に構想していたものである。この雑誌の周囲に最初の弟子たちが再び集まり、師の死去の数日後には理工科学校生アンファンタン、そしてフランス・カルボナリ党創設者の一人サンタマン・バザールも加わった。さらに彼らのほかにも、この雑誌に協力する人々がいた。セルクレ、デュカーン、ブランキ、哲学者アドルフ・ガルニエ、弁護士アリエ、法曹家のルーアンとジャン＝ジャック・デュボッシエ、ユオ、オーギュスト・コント。さらに一八二六年以降は、（アルデシュの）ローラン、ペス、そしてもう一人のカルボナリ党創設者で医者のフィリップ＝ジョゼフ＝バンジャマン・ビュッシエ（一七九四―一八六五）もそこに加わった。ビュッシエは、この雑誌の編集者として影響力をもつことになる。師が逝去した二週間後に会社が設立され、週刊誌『生産者――産業・科学・芸術評論』は十月一日から発行が開始された。そこにはこの雑誌の目的がこう書かれている。

「新しい哲学原理を発展させ、普及させること。人間本性の新たな考えに根差したこの哲学は、次のことを認める。つまり人類の目的はこの地球上で最も有利なように外界の自然を開拓し、改善することにある」（『生産者』二巻、一五九頁）。

『生産者』は、社会関係の鍵として産業および財の分配とその流通の経済的・社会的問題を一挙に提起した。一八二五年から、A・デュカーンは、その論文「ローヌの曳船会社」で、運河網と国土の価値上昇、そして人口の増加の関連を論じ、イギリスをこのネットワークの発展モデルだとした。この考えは、この雑誌の全体的な目的として一般化されることとなり、同じ年に出された『産業に関する一般的考察』のなかで固められた。そこに描かれているのは、学派がサン゠シモンの学説に持ち込むことになる調子の変化である。産業とネットワークによって祖国の土地を管理し、豊かにすることが第一の目的となり、社会的・政治的変革はその結果にすぎない。交通《コミュニケーション》ネットワークは、もはや社会の転換の媒介手段であるだけでなく、徐々に弟子たちの筆においては、社会関係を、さらには一つの社会変革を生み出す主体となっていく。「交通と輸送の全体的システム」とは、アンファンタンが先唱者となった世界的アソシアシオンというサン゠シモン主義の目的の物質的表現である。一八二六年五月の『生産者』の論文によれば、「われわれの住む地球の開拓という共通の目的に向けた努力をますます結集させること」(『生産者』一八二六年、三巻、七三頁)を目指して、交通の全体的システムは人類の居住空間、つまり全地球的規模で適用されねばならない。アンファンタンは、目標とする交通の全体的システムを構築するために、輸送の物質的ネットワークと信用の非物質的ネットワークを結びつける考えを展開している。彼の『生産者』の複数の論文は、貨幣と信用の問題、つまりのちに「精神的」と称される非物質的な交換に充てられた。一八二六年から、サン゠シモン主義者たちは、人間のアソシアシオンと物的・財政的交通のネットワークを同列に置く手筈を整えていった。アソシアシオンと交通の同一視は、たとえそれがサン゠シモンの晩年のテクストに現れていたとしても、社会変革は技術ネットワークによって実現されるとする、社会変革の簡素化を伴っていた。サン゠シモン理論の中心的対象だった社会的・政治的変革の問題が排除されたことで、「世界アソシアシオン＝交通の全体的システム」というサン＝シモン運動の主要な方程式の配置が可能となったのである。さらにアソシアシオンと交通の融合という以上に、特にこの方程式のおかげで、技術体系から社会計画へ、そしてその逆へという具合に、この二つの用語の相互交換が可能となった。エンジニアたる理工科学校生は、その職業的実践だけで、ネットワークの産業社会の主任祭司となるのだ。だが産業体制のこの最初の素描は中断される。『生産者』は財政難により、一八二六年四月一日から月刊誌に、そして半年後には廃刊するからである。サン＝シモン思想の「直接」の影響は、本質的なものとしてはここで終わる。こうして弟子たちにとって、二年間にも及ぶ沈黙と反省の時期がはじまった。雑誌の廃刊後も、バザール、アンファンタン、ビュッシェ、ローラン、ロドリーグ、ルーアンら六人の弟子たちは、宣教活動を続けた。彼らは互いの思想を交換しあい、特にエリートの青年たち――彼らの大部分はエンジニアか医者であった――の周辺でその思想を広めることに力を入れた。理工科学校《ポリテクニック》は、アベル・トランソン、ジュール・ルシュヴァリエ、ピエール＝ウルヤル・カズー、そして鉱山学校のエンジニアでのちのコレージュ・ド・フランス教授のミシェル・シュヴァリエ、ジャン・レイノー（一八〇六―一八六三）やアンリ・フルネル（一七九九―一八七二）――この二人も鉱山学校のエンジニアであった――といった学生に自分たちの思想を広める理想的な場になった。こうした弟子たちの仕事のおかげで、サン＝シモンの思想から現実的な自律性を獲得できたのだが、とりわけその代表的な仕事こそ、一八二九年と翌年初頭に方法論的な紹介を目的に講演形式で表明された『サン＝シモン学説解義』であった。この講演の目的はサン＝シモンの思索を開陳し、それを辿っていくというものだが、しかしそれは「彼自身の出発点に再び戻るためではなく、はるかにそれを超えていくためである!」(『解義』、三三三頁)。講演の準備はロドリーグ、アンファンタン、ビュッシェ、ローラン、マルゲランの協力があったとはいえ、学派のスポークスマンはもっぱらバザールであった。サン=シモンの注釈者や批評家の大半がこの学説解義を拠り所としているが、彼の理論はそこでは大きな変化を被っている。そのため、この解義は次のいくつかの主要な点で師の思想に変更を加えた一つのオリジナルな作品と見なすべきである。(一)それは、戯画のように「組織的」時代と「批判的」時代が交互に代わる(つまり対立と結合《アソシアシオン》が入れ替わる)、極めて決定論的な歴史哲学を展開している点。(二)この『解義』は、「産業の行政官の指導のもと」、産業の生産手段の集合化、ひいてはその国有化に賛辞を呈している点。だがサン=シモン自身は、国家についてはその解体と必要性を同時に語り、もっと矛盾した考えを抱いていた。(三)『解義』は、サン=シモンでは素描にすぎなかった宗教的傾向を強調している点。サン=シモン自身は、汎神論的モラリスムとプロメテウス的ユマニスムを両立させようとしていた。さて、バザールの影響下で起こったこのサン=シモン思想の三つの変化は、師の著作の普及版《ウルガータ》と、そのメシア的・社会主義的読解を提供した。これにより、矛盾を抱え込んだ複雑で豊かな思想の解釈の回路が閉じられた。政治の唯一の基礎として『解義』が特に望んだのが宗教感情の再建であった。

「サン=シモンに続き、そしてその名において、われわれはこう宣言する。人類は宗教的未来を手に入れる、と[…]。人類は政治的次元を支配するのみではなく、政治的次元はその全体において宗教制度となる」(『解義』、一八五四年版、二五一頁)。

宗教は、歴史の組織的時代における社会を結ぶ紐帯である。『解義』の著者たちが宣べるこうした考えは、『新キリスト教』の原理を焼き直している。つまりコミュニオン、交通《コミュニケーション》、そして神的本質たる世界アソシアシオンの融合であり、あらゆる活動と歴史自体の目的、「すなわち地表の全体と人間関係の全次元における万人のアソシアシオン〔…〕」(『解義』、九九頁)である。『解義』第一年[1]によって、師の思想を焼き直した理論を手にした学派は、その構築を終えた。そして次に来るのが教会の創設である。かつてサン゠シモンは、新キリスト教は「その道徳、礼拝、教義を持つであろう。つまりそれは聖職団を持ち、聖職団はそのリーダーを持つであろう」(Ⅲ・一一六頁)と明言していた。こうして、サン゠シモン教会のなかに三つの次元をもつ一つの位階制が敷かれることになった。教父、および古老からなる「参事会」、そして補佐役となる使徒職である。一八二九年のクリスマス、サン゠シモン派の「参事会」は、「生ける律法の聖櫃たる二人の最高教父」を選出した。バザールとアンファンタン、サン゠シモン教会のこの二人のトップは、理性と情念という新宗教の二つの側面を体現していた。だがこの洗礼の直後から、最初の静かな離反が生まれる。ビュッシェが会合に参加せず、家族〔弟子グループを指す〕とも別れ、そして数人が

(1) ☆サン゠シモン学説の公開講演は、第一年(一八二八―一八二九年)と第二年(一八二九―一八三〇年)の二年間にわたって行われ、それをまとめた講演録が一八三〇年にそれぞれ出版された。

それに従ったのである。しかし、オーランド・ロドリーグは師の名のもとに、こうするのが彼の責務を果たすことだと考え、その率先した行動を是認した。他方、選出されたこの二人の権威に従った「家族」は、モンシニ通りのジェスヴルの館に居を移し、週三回そこで会合を開いた。ここは一八三〇年十月まで、まさしくサン＝シモン教の寺院となる。そこには以下のような人々が集まった。文学教師エミール・バロー（一七九九―一八六九）、コントの弟子ギュスターヴ・デシュタル（一八〇四―一八八六）、弁護士シャルル・デュヴェリエ（一八〇三―一八六六）、理工科学校生にしてトゥールーズの砲兵隊長ピエール＝ドゥニ・オアール（一七九五―一八三五）、そしてモンペリエ大学の医学教師フランソワ・リベである。アンファンタンは、理工科学校に百人近い通信員を抱えていたため、理工科学校のエンジニアたちが集団で加わった。たとえばシャルル・ランベール（一八〇四―一八六四）、ポーラン兄弟、エドモン、レオン・タラボ、そしてガブリエル・ラメ（一七九五―一八七〇）やエミール・クラペイヨン（一七九九―一八六四）といったエンジニアたちである。アンファンタンは「自分の規律に服した」六八人の理工科学校生の目録を自ら作成した。一八三〇年から三一年にかけて教義を説いた六人の説教師は、アベル・トラソン、ローラン、エミール・バロー、ジャン・レイノー、エドアール・シャルトン、モイズ・ルトゥーレ（一八一〇―一八三四）であった。一八三二年一月までは、毎週日曜日、チボー街で授業が行われ、その後は、四、五百人の聴衆を前にソルボンヌ広場のアテネ学院のホールで行われた。その神秘神学は頂点に達し、サン＝シモンは新たなキリストに変貌した。その熱心な宣教のおかげで、使徒まがいの熱狂に包まれた家族は拡大し続け、一八三一年六月までにパリだけで、三つの「位階」に組織された七九人の会員を数えるまでになった。民衆と接触するために、サン＝シモン主義者たちは、パリの十二の地区で、労働者の位階を対象とした、医療介助付きの特別授業を企画した。地方では、南仏に教会が造られ、東部と西部には使節団が派遣された。同様に外国でも、特にベルギーで教義の普及のために使節団が繰り返し組織された。教義本体の起草と教会の形成を経て、運動は雑誌を介してその交通《コミュニケーション》政治学を再始動させた。一八二九年七月、『生産者』の主幹の一人だったローランは、週刊誌を発行した。そのタイトルはサン＝シモンの有名な著作から借用して『組織者』と名づけ、その副題を「サン＝シモン学説ジャーナル」とし、さらに次のような標語を掲げた。「出生による特権はすべて例外なく廃止される。各人はその能力に応じて、各能力はその仕事に応じて」。この雑誌は、一八三一年八月まで発行され、教義の使徒的な側面を解説した。一八三〇年十一月に自由派の日刊紙『グローブ』は、権力の座に召集された編集者たちによって見捨てられるが、その発起人であり、主幹だったピエール・ルルー（一七九七―一八七一）が教義に同意し、彼の指導の下でサン＝シモン主義者たちの手に移ると、この雑誌も〔副題を〕「サン＝シモン学説ジャーナル」に鞍替えした。この雑誌の舵取りのために呼ばれたミシェル・シュヴァリエは、アンファンタンの強い求めにより、カズーと共に編集長になった。『グローブ』巻頭のシュヴァリエによる編集方針は、知識と貨幣と交通経路の流通の改善というサン＝シモン主義の目的に沿ったものであった。一八三〇年の十一月から翌年の九月まで、『グローブ』は、二千五百部を刷ったが、たった千人あまりの予約購読者しかおらず、創設基金のメンバーの施しでなんとかやり繰りした。その後は一八三二年四月二十日まで、サン＝シモン主義者たちの寄付のおかげで無料配布を行って発行を続けた。

ると考えるようになっていった。

Ⅱ 「分裂」の危機（一八三一—一八三二年）

一八二九年からアンファンタンは、宗教理論を唱えはじめ、家族の宗教生活にますます大きな役割があると考えるようになっていった。

「宗教とは教義と礼拝である。宗教の精神的部分は、教義であり、科学であり、理論である。世俗の部分は礼拝であり、実践である」（R＝H・ダルマーニュ『サン＝シモン主義者——一八二七—一八三七年』、七五頁からの引用）。

一八三一年末、サン＝シモン主義者たちは戦略的な変貌を遂げ、「教義」から宗教的「礼拝」へと移行する。この時に起こったのが、女性解放の問題をめぐる教会の「分裂」である。対立したのは二人の父であった。アンファンタンにとって、サン＝シモン主義の完璧な実現は、女性の解放をおいてほかにない。神とは父と母であり、男性と女性だからである。一八二九年に彼はデュヴェリエにこう書いている。「女性の完全な解放によってこそ、サン＝シモンの時代が告知されよう」。女性の解放を助け、女性メシアを受け入れるために、サン＝シモン主義者たちは、アンファンタンによって理論から実践へと導かれていった。だがバザールはこの新教義を夢想・錯乱と見なし、拒否した。そしてセクトのなかに分裂が起こり、バザールは一八三一年十一月にセクトを抜け、ルルー、カズー、シャルトン、カルノー、ルシュヴァリエ、レイノーほか十九名の「離教者」がこれに続いた。この分裂の後に、「最高教父」アンファンタンに忠実な人々、つまりデシュタル、デュヴェリエ、ロドリーグ、シュヴァリエ、ランベール、オアール、ブファール、タラボらにおいて、「教義」から「礼拝」への移動が起こったのである。この危機ののち、アンファンタンは運動の唯一の教父となり、ある者たちはその運動を神的と表現するようになった。たとえば、デシュタルは「イエスはアンファンタンのなかに生きている」と断言している。一八三一年十一月二十七日の会合は、アンファンタンによって洗礼盤に刻まれた新たな神話の創設集会となった。彼は次のように家族に宣言する。「現在までサン゠シモン主義は、一つの教義だった。われわれは博士だった。われわれは教授した。だがこれからは、われわれはその実現へと向かおう。われわれは礼拝を打ち立てるのだ」。真の変貌がこの会合のあいだに行われたとみてよい。つまり、教義から礼拝へ、理論から実践へ、創始者の教えから弟子の仕事への移行である。コミュニオン〔聖餐゠精神的な一体感〕を演出することが重要となる。というのも、このような移行が精神から物質への移行に等しいとすれば、サン゠シモンの宗教は、このコミュニオンを介して、ネットワークの生産的産業家たちの宗教的実践として誕生するからである。このネットワークは公共事業として、いまや構想の面でも活動の面でも世界的アソシアシオンのシンボルとなった。ミシェル・シュヴァリエは、この変化の射程を正確に言い当てている。「われわれは、大規模な事業体制を組織することによって、労働者の解放を追求するものである」（『グローブ』一八三一年十二月十六日）。彼は、議論と規制に産業的実践を対置させると同時に、政治を排除し、それに代わってテクノクラート的・金融的な権力を持ち出した。そしてエンジニアと銀行家の権力奪取を正当化し、政治的代表制の代わりに、産業的実践を未来の政策として表明する。

「未来の政策の目的は、社会の物質的な利益を管理することになるだろう。つまり、銀行家とエンジニアという産業の全体的な人々は、そこでは小理屈家や規制者の資格に劣らぬ資格を有する政治家となるであろう」（『グローブ』一八三一年十二月十六日）。

シュヴァリエはサン＝シモンの理論を再び呼び戻したとはいえ、「産業者」の階級をエンジニアと銀行家のアソシアシオンへと還元した。そのため産業主義は、官僚主義《テクノクラティスム》を擁護するものとして解釈されることになった。アンファンタンの方はといえば、彼は十二月二十七日の『グローブ』で、弟子たちにこう語っている。いまや「われわれの責務は使徒としての責務であり、われわれの信仰は一つの宗教である」。そして、その礼拝が求めるのは「われわれが管轄する産業的実践の壮大な計画を万民に表明すること」である、と。この時点で、アンファンタンとシュヴァリエは、交通ネットワークの統一的で世界的な建設には新宗教が鍵になると説明する点で完璧に一致している。アンファンタンは象徴的な仕事に取り組み、シュヴァリエは実践的な仕事を明確にした。実際、一八三二年の初頭にサン＝シモン学派が「教義」から「実践」へと移動したことで、この二人は、バザールとロドリーグを差し置いてサン＝シモン派参事会の実権を掌握している。その直後の一八三二年二月にロドリーグはこの運動から突如抜けた。シュヴァリエは「われわれはアンファンタンと共に真のサン＝シモン主義者に留まろう」と宣言し、彼らは共同で次のような二段階からなる権力の平和的な奪取戦略を構想した。第一段階は、新教義を作り、国家の主要部分をなすメディアと学校を介してそれを普及させること。第二段階は、交通ネットワークの構築と資金調達によって、産業アソシアシオンを実現することである。ネットワークは、あらゆる分裂と紛争を克服する世界的アソシアシオンのシンボルとして打ち出されていった。一つの分岐点となったこの一八三二年の文脈において、シュヴァリエは、『グローブ』の一連の四本の論文で産業政治学と平和に関する彼の構想を体系化した。そのうちの一つが、のちに運動のマニフェストとなる「地中海体制論」（二月十二日）という有名な論文である。この論文は、東洋と西洋のコミュニオンに関する一八三二年一月十五日のエミール・バローの教説を応用したものであった。このコミュニオンについて、バローは聴衆に次のように求めていた。「精神と物質、知性と肉体、思想と行動、理論と実践、科学と産業のあいだ、つまりこれら永遠の二元論の表現のあいだにまだ存在したことのない一つの調和をもたらす法の啓示を聞く準備を整えたまえ」（『グローブ』一八三二年一月十六日）。教説の対象は、精神と肉体の闘争とコミュニオンである。バローは、サン＝シモンの方法を使って、その推論の出発点として「永遠の二元論」を提示する。つまり東洋と西洋のあいだの全面的矛盾である。そこで問われたのは、この根本的対立をどのように克服するのか、そしてこの二つの総称の闘争をどうやって両者の結合と世界的アソシアシオンへと移動させるのか、その方法を知ることである。支配からアソシアシオンへのこの移行が現実のものとなるには、地中海周辺に交通ネットワークを樹立する以外にはありえない。いまや「新キリスト教」は東洋と西洋のコミュニオンを生み出し、地中海は諸国民の交通の自然の要所として、両者の「婚礼のベッド」となるのだ。東洋と西洋のコミュニオンは、東洋は肉体と、西洋は精神と一致するとすれば、キリスト教の精神と肉体のコミュニオン〔聖餐〕と同じ性質を帯びることになる。秘蹟にも相当する〔聖餐はカトリックの七つの秘蹟の一つ〕この融合の象徴的な操作の担い手こそ交通ネットワークであり、それは伝統宗教においてキリストが演じた役割に相当する役割を、そして精神と肉体のあいだの実体変化の場を、「新キリスト教」のなかで演じるのである。

「かつて地中海沿岸は、多くの船団の衝突と、波に映された多くの覇権国――ヨーロッパ、アフリカ、アジア――の闘争を通じて文明が発展してきた場所であった。この沿岸はまるで各国が互いの血で赤く染めることでしか交われない巨大なグラス〔地中海〕の淵のようであった。しかし、いまや各国は互いに友好の手を差しのべて平和的に交流し、崇高な合意のもとわれわれが基礎づけた世界的アソシアシオンの象徴となるであろう。その暁には、人類はなんと感動的な光景を目することだろう」（バロー『グローブ』一八三二年一月十六日）。

バローのこの教説から二週間後、ミシェル・シュヴァリエは「繁栄と栄光の平和的未来を諸国民に約束する」ことを目的とした計画を打ち出し、そのなかで行動の手段を与えることによって「実現可能な実践的結論」を提供しようとした。地中海は、かつての戦場から、世界平和の原動力たる協力とアソシアシオンの空間へと姿を変えねばならない。決闘場から討議場へ——シュヴァリエは、サン＝シモンが軍事体制と産業体制のあいだに立てたのと同じ媒介、つまりネットワークを探しに行く。シュヴァリエの構想する地中海の「一般体制」によれば、地中海の大きな港こそ、それぞれ大地、海、河川のあいだの入り組んだネットワークを相互に結ぶ場となる。

「とりわけ各停泊地の中心施設として使える港に交通を集約できるように、地中海沿岸全域にメインのネットワークを配置し、そこを中心にサブのネットワークが枝葉を伸ばしていくことになるだろう」（『グローブ』一八三二年二月十二日）。

はじめてネットワークの近代的な考えを明確に採用したのがシュヴァリエであった。彼はネットワークを物質的にも精神的にもなる一つの紐帯として定義したのだ。一八二六年の『生産者』のアンファンタンの論考に着想を得た彼は、技術ネットワークを輸送のような物質的なネットワークと銀行システムのような非物質的なネットワークの二種類に区別すると同時に、両者の相互依存関係を強調した。だがシュヴァリエはさらに遠くまで進み、的確にこう主張する。交通ネットワークは、それが世界的アソシアシオンに貢献する点でその政治的射程は決定的なのに、現在までエンジニアの事柄とされてきた、と。ネットワークは、物質的インフラと非物質的金融を結びつけ、紐帯を作り出す一つの技術であると同時に、システムを作る政治・道徳的な操作の担い手と見なされる。それは、東洋と西洋、つまり肉体と精神の融合を可能とするサン=シモン教の象徴的・実践的な操作の担い手となるのだ。ネットワークとは技術の対象であると同時に世界的アソシアシオンの象徴なのである。「地中海体制」では、事物としてのネットワーク（技術的紐帯）は隠されるが、象徴としてのそれ（社会的紐帯）は明るみにされる。

「人類は世界的アソシアシオンへと歩んでいるという信仰を持ち、人類をそこに導きたいと願っている人々の目には、鉄道はまったく違う光のもとに姿を現す［…］。鉄道は物質的な次元において世界的アソシアシオンの最も完璧な象徴である。鉄道は人間の生存条件を変化させるであろう」（『グローブ』一八三二年二月十二日）。

ミシェル・シュヴァリエは、ネットワークの発展と「政治革命」を同一視し、交通技術を一つの政治へと変えていった。四年後、シュヴァリエは、交通についての現代イデオロギーの起草的文章を執筆するまでになる。

「交通を改善することは積極的で実践的な現実の自由のために働くことであり［…］、平等と民主主義を作ることである。移動手段を改善すれば、ある地点と別の地点の距離だけでなく、ある階級と別の階級の距離を縮める効果をもつであろう」（『北米書簡』第二巻、三頁、パリ、一八三六年）。

交通の技術ネットワークは、積極的な社会変革、社会階級の廃止ないし協力をそれ自体のうちに宿している。この技術ネットワークのおかげで、人々の対等な往来による交通とコミュニオンが可能となる。物理的な距離の地理的縮減、つまり交通経路を介した場所の互換性は、社会的距離の縮減、つまり民主主義に相当するのだ。シュヴァリエは、コレージュ・ド・フランスの政治経済学講義でこう述べている。「鉄道は、言葉の正当・適切な意味において民主主義の代理人である」。もし交通の技術ネットワークの実現がそれ自体で社会変革に値するならば、ネットワークを介した社会的移動の理論を練り上げようとしたサン＝シモンの努力はすべて、シュヴァリエとサン＝シモン主義者の大部分が向かうことになる官僚主義《テクノクラート》的ヴィジョンに還元されよう。シュヴァリエの官僚主義的でリベラルな産業主義は、社会を改善するために交通ネットワークを増幅させる効果にどこまでも依拠している。

ところがミシェル・シュヴァリエが「地中海体制」についての論文を出版しようとしたまさにこの時に、政府はサン＝シモン主義者を騒乱誘発の廉で告発し、裁判所に訴追するのである。だがこれらの論文に見られる論調は、学派の新しい改良方針の宣伝広告であり、特にシュヴァリエのそれは労働運動を抑え込みたい当局を安心させるたぐいのものである。アンファンタンとバザールの不和は公式には女性解放の問題が原因だとされているが、それでは以下の本質的な事実が見逃されてしまう。つまり一八三一年十一月の分裂は、前年の七月革命のあおりから一八三一年の春以来高まっていた、慢性的騒乱の時期の掉尾を飾るリヨンの職工の大反乱と規一している点である。サン＝シモン主義運動のリーダーにして理工科学校の元生徒ピエール＝ドゥニ・オアールは、一八三三年の早い段階で、この分裂を次のように説明している。

「これははっきり認めておくべきことだが、旧来のサン＝シモン主義をこれまで形成してきた問いよりも、はるかに本質的で重大な問題を前にして［…］、プロレタリアの問題はすっかり闇のなかへと葬られた［…］。アンファンタン氏の独特な指導のもと、サン＝シモン主義は、徐々に新たな路線へと足を踏み入れていったために、もっぱら民衆・労働者の側に立つことをやめてしまったのである」（『オアール文書』アルスナル図書館蔵）。

女性をめぐる論争は、サン＝シモン学派のこの修正主義的転換にお墨付きを与えたにすぎない。むしろアンファンタンの本当の勝利は、理工科学校生や産業家のために、運動から社会主義的側面を排除したことにあった。交通と世界的アソシアシオンの名のもとに行われた交通ネットワークの礼讃は、この修正主義的方針の結果であり、これによって社会的・政治的闘争を排除する道が拓かれたのである。リヨンの職工の運動と一線を画すことによって、修正派サン＝シモン主義のリーダーたちは、透明性とコンセンサスの交通的宗教を洗礼盤に刻んだのであった。それから三十年後の一八五七年、ギュスターヴ・デシュタルは、アドルフ・ゲルーに対して、なぜ自分が分裂の時にアンファンタンに味方して、「当初バザールの影響下で学派が定式化してきた多少とも共産主義的な学説」を厄介払いしたのかについて語っている。ネットワークが実現する世界的アソシアシオンは、運動の中心を占めていたこの共産主義の清算に呼応するものであり、その空席を埋めるものだったのである。

「学派のなかにあった共産主義は、学派の分裂の前に解体された。アンファンタンは、女性の名において、家族の名において、世界の名において共産主義を激しく攻撃した。この闘争は、個人とその自由の権利の擁護者たちの勝利に終わった〔…〕。初期の運動を牽引していく際に私や友人たち全員が受け入れた共産主義学説の放棄は、反バザールの運動にまでさかのぼる。サン＝シモン主義の学説が問題になる際には、このことは決して忘れてはならない。この学説には二つの側面がある。つまり、バザールの確言と、アンファンタンの抵抗である」（『デシュタル文庫』アルスナル図書館）。

礼拝の二つの解釈のあいだで決断しなければならなかった。つまり、社会闘争か技術ネットワークの構築か、共産主義《コミュニスム》か交通《コミュニケーション》か、政治闘争か世界的アソシアシオンか？　サン＝シモン主義的実践は二つの姿を持ちえた。アンファンタンとシュヴァリエのネットワーク崇拝なのか、それともバザールおよびビュッシェやルルーを含むサン＝シモン左派の共産主義なのか。結局、この「分裂」によって前者の集団の勝利が約束され、後者の集団は周辺に追いやられることになった。〔リヨンの〕職工たちが産業技術よりも社会闘争の優先を主張したその時に、理工科学校生らに支配されたサン＝シモン主義の修正派は、社会主義的変革の観念をすべて洗い流し、社会運動から距離をとりつつ、ネットワークの技術的な言葉でこの〔リヨンの〕反乱に応答したのである。たとえば、一八三二年六月七日に、政治的プログラムの代わりに、シャルル・ルモニエの署名の入った「サン＝シモン主義者」というタイトルのマニフェストがパリに告知されるのだが、その目的は、労働者を組織し、彼らと取り組むべき大公共事業の計画を表明することにあった。表向きは女性の解放をめぐるものとされる二人の「最高教父」の不和の裏には、一八三一年から三二年の冬の危機のあいだに二つの政治的＝理論的「路線」の対立があったのだ。つまり、バザールの「戦闘熱」の路線とアンファンタン＝シュヴァリエの「平和路線」、そして闘争路線と世界的アソシアシオンの路線、さらには政治的決断主義の路線と技術的決定論の路線の対立である。バザールは、社会的・社会主義的方針をサン＝シモン主義運動に与えようとした。たとえば、社会主義理論の最初の定式や七月革命の強力な支持が見られた『解義』はその例証である。その一方で、アンファンタンとシュヴァリエは、リベラル的・官僚主義的方針を採用した。アンファンタンは、ルイ＝フィリップを「労働者の王」にすらなぞらえ、もっと後にはカベリニャックを支持し、しまいにはシュヴァリエがその側近となったナポレオン三世に最後の著作を献呈さえしている。このように、サン＝シモン主義は、「共産主義《コミュニスム》」と「交通《コミュニケーション》」のあいだの象徴的な対立をめぐって左派と右派に分けて語ることができるのである。

　分裂後、アンファンタンに忠誠を誓った家族のメンバーの大半は、官憲の追及と財政危機――『グローブ』と宣教は高くついたのだ――に加え物質的困窮がのしかかり、その方向性を見失っていた。一八三二年四月に雑誌の発行は停止した。この機会に、アンファンタンは、自分の「息子」四十人と共に隠居を表明する。これはサン＝シモン主義者たちの解散前の最後の理論への回帰であった。「私は語ってきた、次は行動の時である。しかし、私には少しばかり休息と沈着が必要だ。私は四十人の息子を得た［…］。私は退くことにする」。産業活動に飛び込む前に、強固なチームを作り、教義から礼拝への移行の儀式を果たすために、四十人の使徒たちが半年間にわたり招集された。メニルモンタンへの隠遁の目的は、ファランステール〔フーリエの唱えた生活共同体〕の創設でも、反社会的ユートピア思想の実践でもなく、むしろ行動へ移るためにしっかり準備を整え、鍛え上げるためであった。アンファンタンはこう明言している。「われわれは、結束の固く打ち破れない小集団たるこの隠遁生活から抜け出ねばならない」。メニルモンタンの生活は極めて規則的であった。朝五時起床の正確な時間、外出の禁止、独身の義務、背後にボタンのあるチョッキというサン＝シモン服の着用、公正な役割分担、召使を一切雇わないこと、等々。シュヴァリエは床を磨き、テーブルを整え、バローは長靴を磨いた。エドモン・タラボが皿を洗う隣では、アンファンタンが庭仕事をした。唯一の理論的な活動といえば、一八三二年の七月にひと月かけた『新書』の起草であったが、諸説を折衷的に盛り込んだこの一連の草稿は、教義を刷新することの困難を物語っていた。その同じ頃、官憲は常に家族を尾行していた。八月二十七日、アンファンタン、シュヴァリエ、ロドリーグ、デュヴェリエ、バローに重罪裁判所への出頭要請が出る。公式には、集会法違反と公序良俗罪の容疑であった。だが実際には、それはアソシアシオンの権利と信仰の自由を標的とした政治裁判であった。裁判所はサン＝シモン協会の解散を命じ、アンファンタン、シュヴァリエ、デュヴェリエを一年の禁固刑に処した。裁判後、財政難に陥り、疲弊した使徒たちは徐々にメニルモンタンを離れていった。ここでグループは二つに分かれる。一つはデュヴェリエとデシュタル周辺の最大会派で、彼らは隠居生活に見切りをつけた。もう一つはアンファンタンのもとに留まった第二グループである。十一月に協会は解散し、アンファンタンとシュヴァリエは、彼らの上告棄却後、十二月十五日に囚人となり、罪を償うためにサント＝ペラルジー監獄に収監された。そのまさに同じ日、エミール・バローの指揮のもと、リヨンに向けて第二グループが旅立っていった。それから二日後、アンファンタンは獄中から全権を委任した。

Ⅲ　サン＝シモン主義の実践期（一八三三―一八七〇年）

一八二九年から三三年にかけて起こった運動の分裂から生じたさまざまな方針を追い求めつつ、離散状態から生まれた各グループは、一八三二年七月に他界したバザールを除いて、独自の活動を展開していくことになる。学派の解散後、アンファンタンとシュヴァリエは、獄中にあった一八三三年三月に袂を分かち、それぞれ独自に世界を股に掛ける交通ネットワークの実現に取り組んでいく。二人とも恩赦を受けて八月一日に出所すると、一八三三年の十月に「行動に移る」ためにフランスを発った。アンファンタンはスエズ地峡の貫通計画を携えてエジプトへ向かい、シュヴァリエは交通ネットワークの研究のためにアメリカに出発した。ここにきて「地中海体制論」は、異なった二つの方法で解釈されることになった。シュヴァリエにとって、それは目的そのもの、すなわち一八三八年の彼自身の定式によれば「交通の体制」であった。他方、アンファンタンにとって、それはあくまでサン＝シモン主義のプログラムの適用であり続けた。つまり母なる大地の受胎を目指す聖なる十字軍である。一八三三年八月八日に彼はバローにこう書いている。「スエズはわれわれのライフワークの中心である。世界が待ち望んでいる行動をわれわれがそこで起こせば、われわれの雄々しさも誇示できよう」。シュヴァリエはどうかといえば、彼は「合理的」な政治学、交通ネットワークの政治経済学を整えようとしていた。サン＝シモン主義の象徴政治学の二つの側面は、一八三三年に枝分かれすることになった。一方は、世界的交通《コミュニケーション》というメタ宗教であり、他方は、ネットワークの構築と制御という合理的プログラムである。

メニルモンタンでの長いためらいの時期を経て、アンファンタンは機関紙『生産者』と『グローブ』の計画を再度取り上げなおした。サント＝ペラルジーの独房の奥から、彼は「東洋《オリエント》が目覚める」声を聴き、東洋と西洋のあいだで「巨大なコミュニオンが準備される」のを予感した。東洋への出発を準備するために、エミール・バローは、一八三三年一月にサン＝シモン協会をリヨンに設立し、そして二つの文明の懸け橋を象徴するスエズ運河の実現を目指して、東洋＝西洋コミュニオンの準備のためにエジプトに出発した。二十四人のメンバーとともにリヨンに設立された協会は、女性が東洋の象徴だったので「女性の友」と名づけられた。そこでは三つのグループが作られた。一つ目はリヨンに残り、二つ目はバローとともにコンスタンティノープルに発ち、三つ目はカイロに向かった。八月二十九日、アンファンタンはパリを発ち、東洋に向かう決意をする。彼は、マルセイユでエジプト行きの船に乗り、十月十日に到着した。彼は上陸するや、フルネルにこう宣言している。「私は、二つの海を通交させるためにやってきた。君が来たのはそれをするためである。だが私がエジプトにやってきたのは、同じくパナマにも通路を作らせるためである」（『全集』第十巻、一九五頁、E・デンツ）。スエズ運河の実現を任されたフルネルは、パシャ

〔オスマントルコの地方総督〕とのコネクションを模索したが、パシャはそれを拒否した。なぜなら、パシャは国の農業生産を倍増させるナイル川のダム建設のほうを優先させたからである。一八三四年二月、パシャがこのダムの建設を決めると、スエズ運河の計画は暗礁に乗り上げ、方向性を見失った最後のサン＝シモン主義者たちは四散していった。ペストが猛威を振るうと、メニルモンタンの使徒たちは次々に倒れた。一八三五年にピエール＝ドゥニ・オアールはナイルのダムで没し、翌年にはアントワンヌ・オリヴィエが没し、フルネルは使徒職を放棄した。エジプト遠征以降、アンファンタンの周辺には数人の忠実な弟子しか残っていなかった。ミシェル・ブリュノー（一七九四―一八六四）、トマ＝イスマイル・ウルバン（一八一二―一八八四）、シャルル・ランベールなどである。グループの崩壊は火を見るよりも明らかであった。アンファンタンは、中東《オリエント》に三年過ごしたのち、一八三七年の一月十六日にフランスに帰国した。スエズ運河はもちろん、彼が参加したナイルのダムも実現しなかった。何の成果もなく手ぶらで帰国した彼は、一八三九年まで低地ドフィネの小村キュルソンに引きこもった。その年の十二月、彼はアルジェリアの学術委員会のメンバーに召集される。生活費を稼ぐ必要と時間を失ったという思いから、彼は二年間のアルジェリア研究に出発する。一八四一年十月、彼は『アルジェリアの植民』に関する著作を携えてフランスに帰国した。とはいえ、『生産者』の社会・経済的プログラムに立ち戻り、彼はパリ―地中海間の鉄道の夢を追い続け、サン＝シモン主義の友人でリヨンの銀行家アルレ＝デュフールにこの計画に投資するよう求めた。こうして一八四五年に、アルレ＝デュフールが一部出資した「パリ＝リヨン鉄道組合」という名の会社が設立された。アルレ＝デュフールは、アンファンタンにこの会社の管理を請け負うよう求めた。了承した彼は「組合会社」の取締役となり、翌年にはパリ―マルセイユ間の開発を請け負う三つの鉄道会社の取締役に任命された。この活動と並行して、アンファンタンは、スエズ運河の建造計画も捨ててはいなかった。ブリュノーとランベールの二人の弟子はまだエジプトに残っていたのだ。一八四六年十一月、「スエズ運河研究協会」が作られると、アンファンタンと友人アルレ＝デュフールはそのフランス代表となった。だがこの一途さにもかかわらず、一八五四年十一月に運河の委託を受けたのは、最終的にはサイード・パシャと親密な関係を結んでいた青年外交官フェルディナン・ド・レセップスであった。レセップスはアンファンタンやアルレ＝デュフールと手を切り、「研究協会」の外部で計画を進めていった。この再度の挫折を乗り越えて、アンファンタンは鉄道に全力を傾けた。彼は「パリ―地中海鉄道管理委員会」のメンバーとなり、そのリヨンの代表となった。リヨンでは、旧友のルネ・オルスタンとアルレ＝デュフールと再会し、一八五三年から五六年にかけて「リヨン乗合鉄道協会」、「ガス照明協会」、そして特に「総合水道会社」を創設した。このほかにも、サン＝シモン主義はフランスのネットワーク系大企業の創設に直接の影響を与えている。

アンファンタンが中東に旅立ったのに対して、ミシェル・シュヴァリエは、交通網を研究するために、一八三三年の十月から三五年の十一月までアメリカに滞在した。かつて彼はアンファンタンに対して、アメリカに産業を研究しに行きたいから君とはエジプトには行かないと伝えていた。当時のフランスはあきらかに鉄道網に関して遅れをとっていた。そのためアメリカ、ベルギー、イギリスですでに実現した状況とフランスの現状を比較するための研究がどうしても必要であった。こうしたことから、ミシェル・シュヴァリエが自ら公共事業の総裁に掛け合ったこともあり、政府は彼を使節として派遣したのである。彼はこの任務から何冊もの書物を書いて戻ってきた。そのうちの一つが、一八三八年に出版される『フランスにおける物質的利益——道路、運河、鉄道の公共事業』という宣言書である。この書は、サン＝シモン教の聖なる三訓——つまり公共事業、銀行およびその他の信用制度、そして職業教育——に則った計画に沿ったものであった。ミシェル・シュヴァリエはフランスに戻ると、一八三五年七月にパリ—サン・ジェルマン線の認可をすでに取得していた友人のペレール兄弟と「鉄道会社」を設立し、その技術顧問に就いた。この路線はサン＝シモン主義者にとって極めて象徴的であった。この路線は、パリを結ぶネットワークの最初のものであり、運動の技術者たちにとって実験に役立つことになるからである。「地中海体制論」の夢に沿って路線は徐々に増やされていった。たとえば、ポーラン兄弟とレオン・タラボがアレス—ボーケール間〔ガール県〕の鉄道認可を獲得したのに続き、一八三六年には、ペレール兄弟、ジェームス・ド・ロチルド、ルイ・デシュタルがパリ—ヴェルサイユ間のそれを手に入れた。一八四一年、ミシェル・シュヴァリエはストラスブール—バーゼル間の落成式に出席し、ヨーロッパ網の着手を宣言した。一八四二年には政府がパリを中心とした放射状の鉄道網を表明している。ミシェル・シュヴァリエは、『グローブ』で打ち出されたプログラムの実現を目指す活動と並行して、経済学者と議員の輝かしいキャリアを歩んでいく。一八四〇年十二月、彼はコレージュ・ド・フランスの政治経済学講座のポストを得たのち、一八五一年に道徳政治学アカデミーのメンバーとして学士院に選出されている。一八四五年に代議士に当選した彼は、一八六〇年には上院議員に選出される。

サン＝シモン〝右派〟が事業や行政、産業の実現に踏み込んでいったのに対して、一八四八年まで権力から遠ざかることになる改革〝左派〟は、社会主義者に接近していった。〝右派〟が交通ネットワークの実現とその資金調達に奔走したのに対し、〝左派〟は、社会変革のためのイデオロギーと教育を生み出すことにあくまで固執した。離散状態となった一八三三年以降、若干のサン＝シモン主義者、とりわけフィリップ＝ジョゼフ・ビュッシェ、ピエール・ルルー、ジャン・レイノーらは、「社会主義的」な方針を伴った学説の側面に価値を見出すことで独自の理論を発展させていった。ビュッシェは、進歩の宗教に磨きをかけ、社会的カトリシズムの創始に一役買った。「社会主義」という言葉を作ったルルーは人類教を創始し、レイノーはとりわけ大成功を収めた著書『天と地』のなかで、汎神論的ヴィジョンを弁論した。

瀕死の状態にあったサン＝シモン主義の活動は、一八四一年以降はもっぱらアンファンタンによって代表されてきたが、一八四八年の出来事〔二月革命〕によってわずかだが息を吹き返す。オーランド・ロドリーグは共和国のための人民憲法の計画を表明し、ローラン、レイノー、カルノー、シャルトン、ピエール・ルルーを含む「参事会」の旧メンバーたちは代議士になった。このうちの三名は公教育省の幹部にまでなっている。つまり、カルノーが大臣に、ジャン・レイノーが副閣外相に、エドアール・シャルトンが事務局長にそれぞれ就任した。これらの元サン＝シモン主義者は、一八三一年の分裂時にバザールについていった運動の〝左派〟の代表者たちである。一八四八年十一月には、デュヴェリエの発行する共和派でリベラルな新雑誌『ル・クレディ』に参加したアンファンタンも再び日の目を見ている。有益で社会的な広告を製作しようとしていたデュヴェリエは、すでに一八四五年六月末に「総合広告商社」を設立していた。ほどなくしてこの商社がパリの雑誌のほぼすべてを一手に収めるようになると、デュヴェリエは、四大雑誌を足掛かりに市場全体の独占を企てた。だがその結果に失望すると、彼は一八四八年の革命を口実にその商社の破産を申し立て、『ル・クレディ』を発刊したのである。アンファンタン、ジュルダン、ベランジエ、ヴィカール、デュヴェリエらが寄稿したこの雑誌は、軍備の縮小と不動産銀行の創設のために尽力した。この銀行は一八五二年のデクレによって、「フランス不動産銀行」という名称で設立されることになる。だがこの雑誌の余命は、先のサン=シモン主義者たちの肩書と同じくらいあっけないものであった。一八五〇年六月、この雑誌は廃刊する。カルノー周辺のサン=シモン〝左派〟グループの一八四八年末の追放とルイ・ナポレオンの権勢の上昇に伴い、産業活動の形態をとって教義に忠実であり続けたのは、ペレール兄弟やシュヴァリエといった官僚主義的《テクノクラティック》で財界に通じたサン=シモン〝右派〟であった。ある意味では、一八四八年の出来事以降のサン=シモン主義者同士のこの権力の「バトンタッチ」は、彼らが対立していた一八三〇年の七月革命時に表面化した亀裂の再現であった。産業面から〔ルイ・ナポレオンの〕クーデターを是認したのち、アンファンタンとローランを含む運動の官僚主義的《テクノクラティック》リベラル陣営は、産業プログラムの実現のために帝政に賛同し、ナポレオン三世の顧問や有力な大臣を輩出した。皇帝がその個人的な思想からサン=シモン主義者たちに接近したのに対し、サン=シモン主義者の多くが属した一八三〇年世代の教育の一環をなしていたのが皇帝崇拝であった。なかでも「動産銀行」の創業者エミールとイサクのペレール兄弟、そしてシュヴァリエ兄弟がルイ・ナポレオンのもとに集まった。ミシェル・シュヴァリエは皇帝の経済顧問に、オーギュスト・シュヴァリエ（一八〇九―一八六八）は共和国の大統領の事務総長になった。第二帝政期に行われたフランスの大幅な経済の近代化は、部分的には皇帝側近のサン＝シモン主義者たちによって準備された。皇帝の周辺にはその他にも元使徒たちがいた。たとえば、ジャン＝バティスト・デュヴェルジエ（一七九二―一八七七）は、自由帝政の法務大臣に、またメニルモンタンの神学生のズボンを洗濯していたビノーはナポレオン三世の金融大臣にそれぞれ就任し、さらにイポリット・フールトゥール（一八一一―一八五六）は海軍大臣と公教育大臣を歴任した。エミール・バローも一八六三年に帝政に賛同し、アンファンタンはナポレオンに晩年の著作の一つを献呈している。

だが交通ネットワークというサン＝シモン主義的礼拝が、特に鉄道と電信の国内網によって第二帝政期に大きく花開いたとはいえ、この〔第二帝政への〕賛同は、その代償として帝政の崩壊とともに運動の失墜と消滅を招くことになる。かつてサン＝シモンは、一八一三年の『覚書』でその実践の理論化に終止符を打ったのに対し、アンファンタンは、運動の影響力も終わりに近づいていた一八五八年になって『人間科学―宗教生理学』という著作を出版した。当時まだ手書きの状態にあった一八一三年の〔サン＝シモンの〕『覚書』はこのなかではじめて活字出版された。この『人間科学』は、アンファンタン自身の言葉によれば、ネットワークの実践を「形而上学的＝神学的」に補完するものであった。半世紀を隔てて、この教父は、これまでの運動の経験を物体＝ネットワークに見合う形に仕上げたいという〔サン＝シモンと〕同じ欲求を感じたのである。この著作の末尾は、原典に回帰してサン＝シモン主義的な考察で閉じられている。サン＝シモンと同様、アンファンタンも有機体＝ネットワークの比喩を駆使して、学派の実践活動を事後的に正当化しようとした。とはいえサン＝シモンが概念と象徴的操作を打ち出したのに対して、アンファンタンが扱ったのは、もはやイメージだけであった。人造のネットワークの建設に参加したのち、彼は人生の終わりに、有機体「上に」見て取れる、そしてその「なかに」見て取れる効果として、「自然」のネットワークを再発見した。サン＝シモンの実践に続き、サン＝シモン主義者たちのそれも、ともに知識・輸送・貨幣という三つのネットワークに依拠すること——つまり世俗宗教の礼拝——によって拍子づけられ、しかもどちらの場合も「人間科学」、つまり有機体と人体の理論から改めて検討が加えられた。ネットワークの宗教的礼拝は、その当初の目的、つまり人体の象徴を再発見したのである。サン＝シモンのような「社会生理学」ではなく、「宗教生理学」の標題はここに由来する。サン＝シモンの場合、彼は未来社会を作ろうとしたが、アンファンタンは、イメージを糾合して過去の自分の実践活動を理論化し、弟子のグループを再び動かそうとした。もっともアンファンタン自身は自分の役目はもう終わったと考えていた。

「われわれは、鉄道・金・貨幣・電気といったわがネットワークの全世界《グローブ》を抱擁した！　諸君は新しい道の創設者にして監督者の一人となり、この新しい道を通って神の精神、人類の教育を広め、普及させたまえ！」（ガストン・ピネ『理工科学校の作家と思想家』パリ、一八九八年、一六五—一六六頁からの引用）。

この宣言は、サン＝シモン主義者たちの感覚と行動を要約している。交通ネットワークは、母なる大地の真の受胎行為として「全世界《グローブ》を抱きしめる」宗教的実践として実現した。一八六四年八月三十一日、アンファンタンが死去したことにより、サン＝シモン主義はそのリーダーを失った。シュヴァリエはといえば、第二帝政末期までサン＝シモン主義の友人たちの計画とは距離を取っていたが、最晩年になって当初のネットワークの夢を再び追い求め、一八七五年にドーバー海峡のトンネル貫通事業の実現ために研究協会を設立した。しかし、この計画は頓挫する。彼が一八七九年にこの世を去るからだ。だがこの二人の象徴的な人物が亡くなった後も、彼らの思想はこの国のエリート技術官僚たちに情熱を与え続けた。時はめぐり、ここで一巡することになった。十八世紀末、かつてエンジニアたちの科学は、サン＝シモンの思想にとって主要な源泉の一つであったのに、ここにきてサン＝シモン主義者のほうが十九世紀のエンジニア官僚に直接の影響を与えるようになったのだから。

結論

サン゠シモンは発明家、あるいは彼自身の言い方では、「革新者」であった。彼の仕事は、ほとんどの近代的な理論とイデオロギーの起源に位置する一つの水源にして、カール・グリューンの言葉を借りれば、「充満した種箱」であった。サン゠シモン主義とは、無数のヴァリアントを内に秘めたその可能な解釈のうちの一つにすぎない。だがそのなかでも主要なヴァリアントには二つのものがある。一つは、社会的ヴィジョンによって導かれた傾向、つまり社会主義的傾向である。もう一つは、交通ネットワークの産業主義的神秘学によって活性化された傾向である。サン゠シモンの哲学は、その複雑さ、豊かさ、未熟さのために多くの解釈に道を拓いたが、サン゠シモン主義のさまざまな流れもそうした解釈から始まっている。周期的に、サン゠シモンの仕事は忘れられたかと思えば、政治・理論的情勢に応じてその力を取り戻す。特に国家の地位と役割が問題となる時は決まってそうであった。サン゠シモン主義の場合には、これほど解釈論争を呼び起こすことはない。というのも、その射程はまずは政治と実践だったからである。サン゠シモンもサン゠シモン主義者たちも、途方もないエネルギーと想像力を自由に使いこなし、しばしばそのイニシアティヴに失敗したこともあったが、絶え間なく事を企てることができた。彼らは、瞑想と天上の楽園に対して、労働、実践、そして現世の計画を対置させる「全面的な反体神学」を携えた建設者、つまり「組織者」であった。大地が唯一の母胎だとすれば、一般的利益の仕事、特に交通ネットワークの実現によって大地を受胎〔繁栄〕させねばならない。サン＝シモン主義は、汎神論とプロメテウス的ヴィジョン、そして母なる大地と男性神の融合であった。

　支配的な宗教的マトリクスを転倒させるというサン＝シモンの企てには、どうしても大胆かつ多少ともユートピア的な計画が伴わざるを得なかった。とはいえ、ユートピア的なものは、サン＝シモンの思想のなかでも、あらゆる流れを循環させて社会的な直接性を全面的に行き渡らせるという考えに比べれば、彼の政治計画のなかにはあまり見られない。全面的な社会的交通《コミュニケーション》、つまり「世界的アソシアシオン」というこの想像力は一つの特殊なユートピア思想なのではなく、むしろこの思想から近代のあらゆるユートピア思想の種が蒔かれたのだった。その意味でいえば、やはりサン＝シモン主義は、交通ネットワークの神秘的礼拝として社会的なユートピアを技術的なユートピアに変換するという、その可能な解釈のうちの一つに過ぎない。

　流通社会の全面化というサン＝シモンの夢は、水の詩学に貫かれていた。ネットワークを基盤とした常に循環し続ける流動的な社会体制として産業体制を思い描くことができたのも、その夢のおかげであった。サン＝シモンの幼年時代、ソンム川の辺りの夢想から生まれたこのユートピアは、二度の実現を見たように思われる。一度目は、二十世紀初頭の国際共産主義《コミュニスム》[1]として、二度目は、その世紀の終わりの「世界

「交通協会《コミュニケーション》」として。このことは、次のジャン・ジョレスの指摘の正しさを物語っている。「サン＝シモン主義は巨大な資本主義の登場を予見した。だがそれは見事に社会主義にその姿を変えさせたのである」。『ジュネーヴ住民の手紙』の無媒介的で社会的に透明な「夢」は、今もなお現代の理想社会の諸表象のなかに漂い続けている。

（1）サン＝シモンの名は共産主義の英雄に捧げられたモスクワのオベリスクに刻まれている。

訳者あとがき

本書は、Pierre Musso, *Saint-Simon et le saint-simonisme*（*Que sais-je ?*, No. 3468, P.U.F, 1999）の翻訳である。著者の仕事の翻訳は本邦初であるため、多少詳しくその横顔に触れておこう。

一九五〇年に生まれた著者のピエール・ミュッソは、グランド・ゼコールの一つ郵便・電気通信学校（ENSPTT）を卒業後、パリ第一大学（ソルボンヌ）で、本書でも言及されているリュシアン・スフェーズの指導の下、博士論文「電信の象徴機能とサン＝シモン哲学」で博士号（政治学）を取得した。同大学で長らく教鞭をとったのち、レンヌ第二大学と情報通信技術系のグランド・ゼコールであるテレコム・パリテックで情報・コミュニケーション講座の教授を務め、現在は両校の名誉教授、ナント高等研究所（IEA）の学術顧問の地位にある。大学にポストを得る前は、ミニテル開発で知られる国立電信電話研究所（CNET）や国立視聴覚研究所（INA）、国土整備局（DATAR）の研究員・責任者を歴任し、一九九一年から九五年まではフランス・テレコムの初代取締役会のメンバーも務めた。

このような実務経験豊富な情報通信系の専門家の顔を持つと共に、博士論文以来、現在まで精力的に取り組んでいる仕事がサン＝シモン研究である（巻末の参考文献リストを参照）。この旺盛な個人の著作活動に加え、フィリップ・レニエをリーダーとするＣＮＲＳとリヨン第二大学の研究クラスター（ＬＩＲＥ、現ＩＨＲＩＭ）の研究者らと共に、仏国立図書館で催された企画展「サン＝シモン主義者の世紀」（二〇〇六年）、その連動企画である国際的研究コロック「サン＝シモン主義の教説」（二〇〇七年二月）の成功に尽力した。とりわけ、同グループと共に構想から八年の歳月を費やして出版した新版『サン＝シモン全集』（二〇一二年）は、現代のサン＝シモン研究の世界的な水準を示す画期的な仕事である。

ところで本書を一読した読者なら容易に気づくように、従来のサン＝シモン論とは一味違うその解釈は、著者のこうした実務経験が大きな着想源となっている。「矛盾の権化」（ファゲ）、「充満した種箱」（グリューン）、「思想の産婆役」（ハイエク）など多くの異名を持つサン＝シモンは、これまでもその時代ごとにさまざまな解釈を受けてきた。十九世紀のマルクスとエンゲルスにとっては、それは科学的社会主義の前史としての「ユートピア社会主義」、「初期社会主義」として、二十世紀前半に社会主義革命がおこると、自由主義者らにとっては「全体主義の起源」として、さらには七〇年代に世界的な高度経済成長期が到来すると、未来学者らにとっては東西の経済体制に共通する「インダストリアリズム」、「テクノクラティズム」、さらには「ディリシズム」の始祖として、それぞれ固有な読み方がなされてきた。古典の読解には、その時代の社会的背景を映しだす鏡のような役割があるが、社会主義への関心の低下を招いた冷戦の崩壊、そして現代のグローバル化を技術面から後押ししたＩＴ革命を経た九〇年代以降、それを映し出す新たな鏡の一つといえるのが著者のサン＝シモン研究である。

本書の特色は、これまでサン＝シモンに貼られたレッテルを一度取り外し、彼の思想の中心的概念として「ネットワーク（網）」、「循環」、「流通」、「組織」に着目しながら、現代のコミュニケーション・ネットワーク論の先駆者として描き出した点にあるといえる。その点では、七〇年代のインダストリアリズム論の後継といえようが、その議論はさらに一段と哲学的である。サン＝シモンの生涯は、生理学に依拠した初期の認識論からセーの自由主義経済学に倣った政治経済論へ、そこからさらにキリスト教を刷新した晩年の宗教論へと変遷していくが、著者がそこに一貫して見出すのが、コミュニケーション・ネットワークの変革を通じて、封建社会から産業社会への社会変革を成し遂げようとする〝改革者サン＝シモン〟の姿である。著者によれば、サン＝シモンが取り組んだ経済＝貨幣も政治＝信託も宗教＝隣人愛も、すべて無媒介な循環運動として理解することができる。生理学的な認識に基づき、サン＝シモンはまず人間間・階級間・国家間の交流や交通《コミュニケーション》自体を社会体の生命とみなし、それが遮断される時に社会体は死滅すると考え、すでに瀕死の状態にある旧社会から新社会へスムーズに移行するには、政治的には従来の国家の役割を極力削減し、議会を通じて権力を産業者に移譲させ、経済的には貨幣の流通と産業活動（富の生産）を自由な交流や交通《コミュニケーション》のネットワーク組織へと改編することで、結果的に人々の気づかないうちに旧来の政治やイデオロギーに変革がもたらされるとした。著者によれば、ここに議会政治や暴力革命によってではなく、平和裏に産業社会を実現させようとしたサン＝シモンの社会改革の主要な狙いがあったという。

　このように、サン＝シモンの思想の持つ無媒介性やネットワークの側面に注目するならば、それは逆説的にも現代の新自由主義の思想的源泉の一つに見えなくもない。実際、交流や交通《コミュニケーション》を梃に人間の欲望と能力を最大限に発揮することを目指した弟子のサン＝シモン主義〝右派〟の世界的アソシアシオンの構想は、国家ではなく情報と物流のグローバルなネットワーク技術自体に人々の信用を担保させる現代のGAFA(Google, Amazon, Facebook, Apple)のうちに、ある意味ではその実現を見たともいえるだろう。人間のあらゆる欲望・知識・人的紐帯を提供する「現代の全能神」にも喩えられるその世界的ネットワーク網は、今日のインターネットと昔の運河・鉄道・船舶・万博の違いはあるが、確かにサン=シモン主義者が夢想した東洋(物質)と西洋(精神)を結ぶ汎神論的ヴィジョンとどこか重なって見えてくる(この点で筆者の最新刊のタイトルがピエール・ルジャンドルから借用した〝産業宗教〟というのは示唆的である)。

ただその一方で、マルクス主義が批判するようにサン=シモンには資本家と労働者の階級区分がないとはいえ、著者が描くサン=シモンのネットワーク論は、社会体全体を循環すべき血流(=貨幣)が政府はもちろん一部の器官(大資本)に滞留し、労働者まで十分に行き渡らなくなれば、社会がマヒ状態に陥ることも同様に示唆している。この側面に着目すれば、サン=シモン主義〝左派〟からプルードンのアナーキズムやサンディカリズムまで、フランス左翼の伝統をそこに見ることも当然可能である。現在でも世界各地で富の偏在を告発する人々にとっては、今日の格差社会の実相はさしずめ「全能神」ならぬ「モンスメバチ」になおも富を食い潰される「転倒した社会」であり続けている。「二〇〇八年、一兆ドルを超える大枚をはたいて実施された銀行救済は[…]投機の代償を民衆に肩代わりさせて新自由主義的な資本主義の損失を社会に押し付けた。銀行には社会主義を、貧者には資本主義を。これが二〇〇〇年代のやりくちとなった。世界中の人々は、ブレヒトのセリフを借りれば失業手当をちょろまかせば監獄行きだが、銀行を破産させればでかい賞与をもらえることを学んだのだ」(ジジェク『共産主義の理念』)。

サン＝シモンの思想が孕むこのような二つの方向性をどのように考えればよいだろうか。彼は、資本主義や社会主義、自由主義や個人主義、産業革命といった概念がまだない時代に著述を開始した（これらの言葉の作者の多くは彼の弟子たちである）。そのため後世の人々は、そこに見られる資本主義と社会主義の奇妙な同居とその混乱についてしばしば語ってきた。だが彼の思想に矛盾を見るより、一つの利点を見出すならば、それは現代のわれわれがこの二〇〇年余りの間にいかに二者択一的で固定した世界の見方に囚われてきたのか、その固定観念に揺さぶりをかけ、常に自己反省的な問いを投げかけてくれるところにあるように思われる。

最後にもう一点だけ本書の特色を――日本の読者だけに関わるものだが――挙げるなら、それは師の誕生から第二帝政期の弟子たちの思想と実践までをこの小著のなかで描き切ったところにある。意外に思われるかもしれないが、これまで本邦でもサン＝シモンとサン＝シモン主義の優れた研究・翻訳はいくつか刊行されたが、どちらか一方を主題としたものが多く、両者を統一的に扱った書物は実はあまりなかったように思われる。もちろん、伝記や思想の細部については既存の研究書・訳書に当たっていただくことにして、まずは大枠の見取り図を知りたいという方にこの本を手に取っていただければ幸いである。

原書と本書の異同については、原書の明らかな誤記に限り、若干の人名の生没年を修正した。また巻末の参考文献は、版元のフランス大学出版から最新版への差し替え要請があったが、旧版から削られた文献も読者には有益だと考え、多少古いものもそのまま残してある。本書の翻訳に際しては、多くの方々にお世話になった。照会のメールで何度も手を煩わせたミュッソ氏本人をはじめ、その仲介役となっていただいたジュリエット・グランジュ教授（トゥール大学）、そしていくつか訳文の相談に乗っていただいた白瀬小百合さんにまずはお礼申し上げたい。

とりわけミュッソ氏と共に新版全集の編者に名を連ねるマダム・グランジュには、訳者の留学時の受け入れ先だった縁もあり、森博先生の『著作集』（全五巻）の仏国立図書館への収蔵や、その「サン＝シモン書誌」のフランスでの出版（巻末文献、3.-(1)-iv）など、これまでも日本とサン＝シモンを結ぶいわば懸け橋役になっていただいた。二〇一五年の一橋大学での招聘講演に続き、一昨年には、サン＝シモンの書簡集の出版に向けて、日大法学部サン＝シモン文庫の調査のために二度目の来日も果たされた。早い企画の実現を一読者として心待ちにしたい。

末筆となったが、訳者の持ち込み企画にも寛大に相談に乗っていただいた白水社の小川弓枝さんには感謝申し上げたい。訳文の的確な修正や、想定よりも早い出版に漕ぎつけたのはひとえに編集者の尽力のおかげである。

二〇一九年三月

訳者

参考文献（☆印は訳者による補足）

1. サン=シモンの主要著作

サン=シモンの著作集の完全版は、森博（元東北大学教授、1929–1999）の手により日本で刊行された（森博編・訳『サン－シモン著作集』全五巻、恒星社厚生閣、1987–1988年）。この版には、「サン=シモン書誌」のほか、パリに保管されている著者直筆の手稿の目録とサン=シモンに関する著書・論文の詳細な書誌、そして日本のサン=シモン研究目録（1903–1986年）まで含まれている〔以下の3.–(1)–iv.〕。

フランスでは、2012年から13年にかけて、未発表作品と手稿を含む『サン=シモン全集』全四巻が「カドリージュ・コレクション」の一つとしてフランス大学出版から刊行された〔以下の1.–(1)–iii.〕。その序文、注釈、解説は四人の編者（ジュリエット・グランジュ、ピエール・ミュッソ、フィリップ・レニエ、フランク・ヨネ）の手による。この版には、手稿の全目録、「サン=シモンの略伝と書誌」、歴代秘書の紹介、そしてサン=シモン研究書誌が含まれている。

(1) 全集・著作集

i. *Œuvres de Saint-Simon et d'Enfantin*, 47 vol., E. Dentu (Ed.), Paris, 1865–1878.

ii. *Œuvres de Claude-Henri de Saint-Simon*, 6 vol., Editions Anthropos, Paris, 1966.

iii. *Œuvres complètes de Henri Saint-Simon*, 4 vol., Juliette Grange, Pierre Musso, Philippe Régnier et Franck Yonnet (Ed.), P.U.F, [pbk : 2013] 2012.

(2) 年代順主要著作

1802–1803年 『人類に宛てたジュネーヴの一住人の手紙』、『同時代人に宛てたジュネーヴの一住人の手紙』

1804年 『博愛家二氏の手紙』（リゴメ・バザンとの共著）

1807–1808年 『十九世紀の科学的研究序説』

1808–1809年 『経度局への手紙』、『新百科全書（関係稿）』

1810年　『人間の歴史』
1813年　『人間科学に関する覚書』、『万有引力に関する研究』
1814年　『ヨーロッパ社会の再組織について』（オーギュスタン・ティエリとの共著）
1817–1818年　『産業』
1818–1819年　『政治家』
1819–1820年　『組織者』（オーギュスト・コントとの共著）
1820–1822年　『産業体制論』
1822年　『ブルボン家とスチュアート家』
1823–1824年　『産業者の教理問答』
1825年　『文学的・哲学的・産業的意見』、『新キリスト教』（未完）

2. サン=シモン主義者の主要著作

(1) 1825-1832年代のサン=シモン主義の雑誌

i. 『生産者』（1825年10月–1826年10月）
ii. 『組織者』（1829年8月15日–1831年8月）
iii. 『グローブ』（1830年11月11日–1832年4月20日）

(2) 共・単著

i. *Doctrine de Saint-Simon*, G. Bouglé et E. Halévy (Ed.), Paris, [1830 & 1854] 1924〔バザールほか『サン-シモン主義宣言――サン-シモンの学説・解義　第一年度，1828–1829』野地洋行訳、木鐸社、1982年〕。第三版（*La Doctrine saint-simonienne*, Paris, 1854）には第二年度も合冊されている。
ii. Michel Chevalier, *Lettres sur l'Amérique du Nord*, 2 vol, Paris, 1836.
iii. ――, *Des intérêts matériels en France*, Paris, 1838.
iv. Jean Reynaud, *Terre et ciel*, Paris, 1866.
v. *Le Livre Nouveau des Saint-Simoniens, Manuscrits d'Émile Barrault, Michel Chevalier, Charles Duveyrier, Prosper Enfantin, Charles Lambert, Léon Simon et Thomas-Ismayl Urbain (1832-1833)*. Edition, introduction et notes par Philippe Régnier. Tusson Charente. Du Lérot, (Ed.), 1992.

3. サン=シモン（主義）研究文献（選）

（1）書誌

i. Henri Fournel, *Bibliographie Saint-Simonienne de 1802 au 31 décembre 1832*, Paris, 1833.

ii. Jean Walch, *Bibliographie du saint-simonisme*, J. Vrin, 1967.

iii. Philippe Régnier, «De l'état présent des études saint-simoniennes», in *Regards sur le saint-simonisme et les saint-simoniens*, Presses Universitaires de Lyon, 1986.

iv. ☆ Hiroshi Mori, *Bibliographie de Claude-Henri de Saint-Simon*, Juliette Grange (Ed.), L'Harmattan, 2012.〔森博編・訳『サン-シモン著作集』第1巻、恒星社厚生閣、1987年、巻末1–123頁〕

（2）著書

i. Pierre Ansart, *Marx et l'anarchisme. Essai sur les sociologies de Saint-Simon, Proudhon et Marx*, PUF, 1969.

ii. ――, *Sociologie de Saint-Simon*, PUF, 1970.

iii. Sébastien Charléty, *Enfantin*, Librairie Felix Alcan, 1930.

iv. ――, *Histoire du saint-simonisme (1825-1864)*, préface de Jean Lebrun, Perrin, [1896 & 1931] 2018.〔セバスティアン・シャルレティ『サン=シモン主義の歴史』沢崎浩平、小杉隆芳訳、法政大学出版局、1986年〕

v. ☆ Nathalie Coilly et Philippe Régnier (sous la dir. de), *Le siècle des saint-simoniens : du nouveau christianisme au canal de Suez*, BnF, 2006.

vi. François Dagognet, *Trois philosophies revisitées : Saint-Simon*, Proudhon, Fourier, OLMS, 1997.

vii. Henry-Rene D'Allemagne, *Les saint-simoniens, 1827-1837*, Paris, 1930.

viii. Mathurin Dondo, *The french faust Henri de Saint-Simon*, Philosophical Library, 1955.

ix. Émile Durkheim, *Le socialisme. Sa définition, ses débuts. La*

doctrine saint-simonienne, Félix Alcan, 1928.〔エミール・デュルケム『社会主義およびサン-シモン』森博訳、恒星社厚生閣、1977年〕

x. Jean-Paul Frick, *Le concept d'organisation chez Saint-Simon*, thèse d'État de philosophie, Université de Paris IV - Sorbonne, janvier 1981.

xi. Henri Gouhier, *La jeunesse d'Auguste Comte et la formation du positivisme*, 3 vol., Paris, J. Vrin, 1964 et 1970.

xii. ☆ Juliette Grange, *Saint-Simon : 1760–1825*, Ellipses, 2005.

xiii. Georges Gurvitch, *Les fondateurs français de la sociologie contemporaine: Saint-Simon et P.-J. Proudhon*, Cours publics professés à la Sorbonne en 1952–1953, Paris, Centre de Documentation Universitaire, 1955.

xiv. Ghiţa Ionescu, *The political thought of Saint-Simon*, Oxford University Press, 1976.

xv. Maxime Leroy, *Le socialisme des Producteurs. Henri de Saint-Simon*, Paris, 1924.

xvi. ——, *La vie véritable du Comte Henri de Saint-Simon*, Paris, 1925.

xvii. Frank E. Manuel, *The new world of Henri Saint-Simon*, Harvard University Press, 1956.〔フランク・E・マニュエル『サン-シモンの新世界』森博訳、恒星社厚生閣、1975年〕

xviii. Pierre Musso, *Télécommunications et philosophie des réseaux. La postérité paradoxale de Saint-Simon*, PUF, 1997.

xix. —— (sous la dir. de), *Actualité du saint-simonisme : Colloque de Cerisy*, P.U.F, 2004.

xx. ——, *Le vocabulaire de Saint-Simon*, Ellipses, 2005.

xxi. ——, *La religion du monde industriel : analyse de la pensée de Saint-Simon*, Éditions de l'Aube, 2006.

xxii. ——, *Saint-Simon, l'industrialisme contre l'état*, Éditions de l'Aube, 2010.

xxiii. ☆ ——, *Les Socialismes : Colloque de Cerisy* (avec Juliette Grange). Le Bord de l'Eau. 2012.

xxiv. ☆ ——, *La religion industrielle, Monastère, Manufacture,*

Usine. Une généalogie de l'entreprise, Fayard, 2017.

xxv. François Perroux et Pierre-Maxime (sous la dir. de), *Économies et sociétés*, « Saint-Simonisme et pari pour l'industrie », Cahiers de l'Institut des Sciences Économiques Appliquées (ISEA), 5 vol., Librairie Droz, 1970–1973.

xxvi. ☆ Olivier Pétré-Grenouilleau, *Saint-Simon : l'utopie ou la raison en actes*, Payot & Rivages, 2001.

xxvii. Antoine Picon, *Les Saint-simoniens : raison, imaginaire et utopie*, Belin, 2002.

xxviii. ☆ Philippe Régnier (sous la dir. de), *Études saint-simoniennes*, Presses universitaires de Lyon, 2002.

xxix. Revue internationale de philosophie, *Saint-Simon*, n° 53–54, 14e année, fasc. 3–4, Paris, 1960.

xxx. Jean Walch, *Michel Chevalier, économiste saint-simonien 1806–1879*, J. Vrin, 1975 (cet ouvrage contient une bibliographie complète sur Michel Chevalier).

xxxi. Georges Weill, *Un précurseur du socialisme. Saint-Simon et son œuvre*, Paris, 1894.

訳者略歴
杉本隆司（すぎもと・たかし）
一橋大学大学院社会学研究科博士課程修了。博士（社会学）。ナンシー第二大学DEA課程修了（哲学）。明治大学講師。著書に『民衆と司祭の社会学』。共著に『社会統合と宗教的なもの』、『共和国か宗教か、それとも』（以上、白水社）、『危機に対峙する思考』（梓出版）。訳書にピーツ『フェティッシュとは何か』（以文社）、マチエ『革命宗教の起源』、コント・コレクション全二巻（以上、白水社）ほか。

文庫クセジュ　Q 1030
サン=シモンとサン=シモン主義

2019年7月25日　印刷
2019年8月15日　発行
著　者　　ピエール・ミュッソ
訳　者 ©　杉本隆司
発行者　　及川直志
印刷・製本　株式会社平河工業社
発行所　　株式会社白水社
東京都千代田区神田小川町3の24
電話　営業部　03（3291）7811 / 編集部　03（3291）7821
振替　00190-5-33228
郵便番号　101-0052
www.hakusuisha.co.jp

乱丁・落丁本は，送料小社負担にてお取り替えいたします．
ISBN978-4-560-51030-8
Printed in Japan

文庫クセジュ

哲学・心理学・宗教

114 プロテスタントの歴史
193 哲学入門
199 秘密結社
252 神秘主義
326 プラトン
342 ギリシアの神託
355 インドの哲学
362 ヨーロッパ中世の哲学
368 原始キリスト教
417 デカルトと合理主義
461 新しい児童心理学
474 無神論
487 ソクラテス以前の哲学
500 マルクス以後のマルクス主義
510 ギリシアの政治思想
535 占星術
542 ヘーゲル哲学
546 異端審問
558 伝説の国
576 キリスト教思想
594 ヨーガ
680 ドイツ哲学史
708 死海写本
733 死後の世界
738 医の倫理
739 心霊主義
751 ことばの心理学
754 パスカルの哲学
764 認知神経心理学
773 エピステモロジー
778 フリーメーソン
780 超心理学
789 ロシア・ソヴィエト哲学史
793 フランス宗教史
802 ミシェル・フーコー
807 ドイツ古典哲学
835 セネカ
848 マニ教
862 ソフィスト列伝
866 透視術
874 コミュニケーションの美学
880 芸術療法入門
892 新約聖書入門
900 サルトル
905 キリスト教シンボル事典
909 カトリシスムとは何か
910 宗教社会学入門
914 子どものコミュニケーション障害
931 フェティシズム
941 コーラン
944 哲学
954 性倒錯
956 西洋哲学史
960 カンギレム
961 喪の悲しみ
968 プラトンの哲学
973 100の神話で身につく一般教養
977 100語でわかるセクシュアリティ
978 ラカン

文庫クセジュ

文庫クセジュ

歴史・地理・民族（俗）学

62 ルネサンス
79 ナポレオン
133 十字軍
160 ラテン・アメリカ史
191 ルイ十四世
338 ロシア革命
351 ヨーロッパ文明史
382 海賊
491 アステカ文明
530 森林の歴史
541 アメリカ合衆国の地理
597 ヒマラヤ
636 メジチ家の世紀
648 マヤ文明
664 新しい地理学
665 イスパノアメリカの征服
684 ガリカニスム
689 言語の地理学
713 古代エジプト
719 フランスの民族学
724 バルト三国
760 ヨーロッパの民族学
767 ローマの古代都市
769 中国の外交
790 ベルギー史
810 闘牛への招待
812 ポエニ戦争
813 ヴェルサイユの歴史
816 コルシカ島
819 戦時下のアルザス・ロレーヌ
831 クローヴィス
842 コモロ諸島
856 インディヘニスモ
857 アルジェリア近現代史
858 ガンジーの実像
859 アレクサンドロス大王
861 多文化主義とは何か
865 ヴァイマル共和国
872 アウグストゥスの世紀
876 悪魔の文化史
879 ジョージ王朝時代のイギリス
882 聖王ルイの世紀
883 皇帝ユスティニアヌス
885 古代ローマの日常生活
889 バビロン
890 チェチェン
896 カタルーニャの歴史と文化
898 フランス領ポリネシア
902 ローマの起源
903 石油の歴史
904 カザフスタン
906 フランスの温泉リゾート
913 フランス中世史年表
915 クレオパトラ
918 ジプシー
922 朝鮮史
925 フランス・レジスタンス史
928 ヘレニズム文明
935 カルタゴの歴史

文庫クセジュ

文庫クセジュ

社会科学

357 売春の社会学
396 性関係の歴史
483 社会学の方法
616 中国人の生活
654 女性の権利
693 国際人道法
717 第三世界
740 フェミニズムの世界史
744 社会学の言語
746 労働法
786 ジャーナリストの倫理
787 象徴系の政治学
824 トクヴィル
845 ヨーロッパの超特急
847 エスニシティの社会学
887 NGOと人道支援活動
888 世界遺産
893 インターポール
894 フーリガンの社会学
899 拡大ヨーロッパ
917 教育の歴史
919 世界最大デジタル映像アーカイブ INA
926 テロリズム
936 フランスにおける脱宗教性《ライシテ》の歴史
940 大学の歴史
946 医療制度改革
957 DNAと犯罪捜査
994 世界のなかのライシテ
1010 モラル・ハラスメント
1025 100語ではじめる社会学